> めんどうな作業もすぐに解決！

売上分析や資料作ピボットテーブル

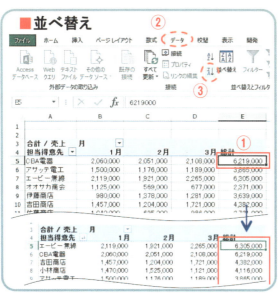

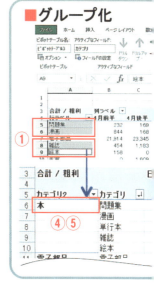

【並べ替え】

① 並べ替えをしたいセルの1つを選択する

② [データ]タブを開く

③ 昇順ボタン、または降順ボタン をクリックする

【グループ化】

① グループ化したい
（Ctrlキーを押しながら「雑誌」「絵本」を

② [ピボットテーブル 開く

③ [グループの選択]を

④ [グループ1]という

⑤ [グループ1]の表 きする

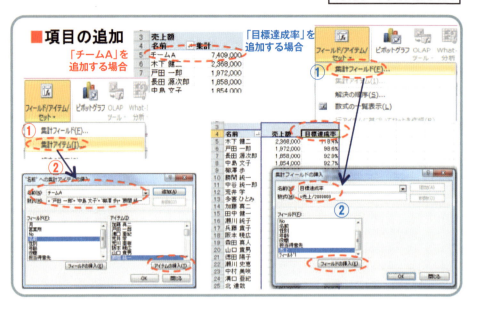

【項目の追加】

「チームA」を追加する

① 追加したい項目のセルをどこでもいいので選択→[ピボットテーブルツール]→[分析]タブ→[フィールド／アイテム／セット]→[集計アイテム]をクリックする

② ["名前"への集計アイテムの挿入]ダイアログが表示されるので、[名前]欄に「チームA」、「数式」欄にチームAとして追加したい名前を選択して[OK]をクリックする

（※数式の入力には[アイテムの挿入]ボタンを利用する
例：「＝"戸田一郎"＋"中島文子"＋"柳澤歩"＋"勝間純一"」）

「目標達成率」を追加する

① 追加したい項目のセルをどこでもいいので選択→[ピボットテーブルツール]→[分析]タブ→[フィールド／アイテム／セット]→[集計フィールド]をクリックする

② [集計フィールドの挿入]ダイアログが表示されるので、「名前」欄に「目標達成率」、「数式」欄に「売上／2000000」と入力して[OK]をクリックする

（※数式の入力には[フィールドの挿入]ボタンを利用する）

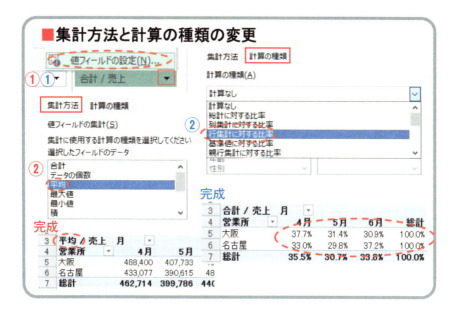

【集計方法を「平均」に変更する】

① [ピボットテーブルのフィールド]内の[合計／売上]の右側にある[▼]をクリックして[値フィールドの設定]を選択する

② [集計方法]タブで[平均]を選んで[OK]をクリックする

【計算の種類を「行集計に対する比率」に変更する】

① [ピボットテーブルのフィールド]内の[合計／売上]の右側にある[▼]をクリックして[値フィールドの設定]を選択する

② [計算の種類]タブで[行集計に対する比率]を選択し、[OK]をクリックする

成にも役立つ
ルの基本機能早見表

分析方法

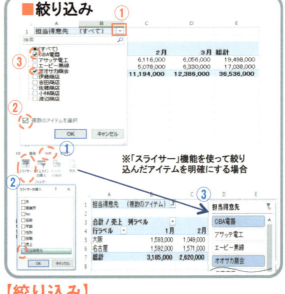

【絞り込み】

パターン1

① B1セル「（すべて）」の右にある[▼]マークをクリックする
② [複数のアイテムを選択]をチェックする
③ 任意のアイテムを選択して[OK]をクリックする

パターン2

（どのアイテムを絞り込んだかを明確にしたい場合）

① [ピボットテーブルツール]→[分析]タブを開く
② [スライサー]を選択し、絞り込みたい項目をチェックして[OK]をクリックする
③ Ctrlキーを押しながら絞り込むアイテムを選択する

絶対残業しない人がやっている

超速 Excel 仕事術

業務効率化コンサルタント
奥谷隆一

あさ出版

はじめに

Excelができないせいで
ムダに時間ばかりかけていませんか？

　本書を手に取っていただき、ありがとうございます。
　私は業務効率化コンサルタントとして、法人やビジネスパーソンに効果的なExcelの使い方をアドバイスしている奥谷隆一と申します。突然ですが、冒頭のまんがのような最悪な状況、あなたも経験したことはありませんか？

　定時前にいきなり上司から難解な資料作成を頼まれてしまい、断ることができず、予定をキャンセルして残業をすることになった。Excelでクライアント向けの資料を作成していたが、自分の思うように作ることができず、ムダに時間ばかりを費やしてしまった。
　おそらく、大半の人は終電ギリギリまで仕事をして、身も心もボロボロ状態になっているのではないでしょうか。

「あいつは仕事が遅い」「あまり使えない」
上司や同僚からの評価を下げないためにすべきこと

　世界的大企業「ホンダ」を創りあげた、本田宗一郎氏は時間について次のような言葉を残しています。

　「金を稼ぐより時間を稼げ」

多くの経営者・成功者が語るように、物事をうまく進めるためには、やはり「スピード」が大切です。時間がなければ、やるべき仕事に集中できませんし、いつまでも効率は悪いままです。

　上司や同僚から「あいつは仕事が遅い」「あまり使えない」などと評価されてしまい、仕事もやりづらくなるでしょう。まさに現代のビジネスパーソンにとって時間を稼ぐことは急務といえます。

「知っている」「知らない」、この差が"時短"に大きく関係してくる

　しかし、「時間を意識する」だけでは、時短は無理です。

　残業ばかりの今の仕事スタイルを変えていくためには、まず行動を変える必要があります。そのためには、「仕事が速い人との違いを見つける」ことです。

　なぜなら、何かを上手にやっている人は、ちょっとしたコツやノウハウを知っていて、それを実践していることが多いからです。「知っている」とは、「知らない」ことに比べて、はるかに有利なのです。

　たとえば、オセロは端っこを先に取ったほうが有利にゲームを進められますよね。これを知らないと、知っている人に勝つことはほぼ不可能です。また、鉄棒の逆上がりは、ヒジもヒザも曲げるようにすれば、回りやすくなるそうです。これも知らない子が逆上がりしようとしたところで、時間がかかるでしょう。

　Excelもこれらと同じです。Excelをうまく活用して笑顔でさっそうと定時に帰る人は、あなたの知らないちょっとした"何か"を知っているだけなのです。

残業しない人がやっている
時間をかけずに、手短に作業を終わらせる「2つのこと」とは？

　本書では、残業しない人だけがやっている効率的なExcelの使い方についてまとめています。とくに差がつくポイントは次の2点です。すなわち、

- スピードを意識して工夫・改善を加え、より効果的にExcelを活用するためにフォーカスすべき視点を知る

- Excelを上手に活用している人が知っていて、Excel初心者が知らないちょっとした"何か"を知る

　この2つを伝えることを大事にしています。

　では、Excel初心者が知らない"何か"とは何でしょうか。それが、「ピボットテーブル」と「オプション機能」です。
　「ピボットテーブル」とは、自分がほしい情報について、好きな角度から情報を作り替えられる作表機能です。詳しくは本編に譲りますが、冒頭のまんがのような"やり直し作業"が発生しても素早く対処でき、あっという間に表を作成できてしまいます。

　一方、「オプション機能」とは、編集やその他設定などを活用した時間短縮の機能です。オプションボタンをクリックしてみないと何ができるのかわからないため、ふだんは気付くこともなく、スルーしている人も多いでしょうが、使いこ

なせると、さまざまな作業が時間をかけずにできるようになります。

　自らの業務を効率化して**時間を稼いでいる人は、自分の業務に使えそうなExcelの機能をよく知っています。**あなたがシート一枚一枚に「置換」を適用している間に、「置換オプション」を使って一発で全シートの「置換」をやってしまっているのです。

　朝早く出社して夜遅くまで、気合いと根性で仕事をする——
　こうした働き方が評価される時代はすでに終わっています。
　本書で紹介しているこれらのテクニックを活用し、Excel業務を効率化して時間を稼ぐようにしましょう。

　そうすれば、空いた時間を、あなたにしかできないもっと優先度の高い仕事に使えるようになります。定時でサッと帰宅して大切な家族との時間に使うこともできます。
　本書を活用して時短を実現し、残業に追われて終電を気にすることのない有意義な働き方につなげていただければ、著者として何よりの喜びです。

2016年6月　奥谷隆一

本書の使い方

　本書はテキストを読みながら、Excel業務に役立つ時短のコツを実践して学ぶことができます。本書に出てくる参照図の主なものには、ダウンロードマーク ⬇ が記されており、下記URLまたはQRコードから、Excelデータを無料でダウンロードできます。

http://www.toushint.com/web/jitan/

　文中で解説している機能を実際にお試しいただく際にご活用ください。

注意事項

- 本書に掲載したサンプル画像や名称、手順などは著者独自の設定に依存するものです。ご利用のバージョン、デフォルト設定と異なる場合があることをご理解ください。
- ダウンロードによって、万が一起こった損害や損失、その他のいかなる事態にも、著作権者および出版社は一切の責任を負いません。利用は各個人の責任において行ってください。

本書を読むにあたって……

※本書は、Windows10およびExcel2013がインストールされたパソコンをもとに解説しています。
※本書は、2016年6月現在の情報をもとに制作しています。
※本書で紹介している製品名およびサービス名は、一般に各メーカーおよびサービス提供元の商標・登録商標です。なお、本文中には™マーク、®マークは明記しておりません。

目　次

はじめに　010
本書の使い方　014

第1章　絶対残業しない人は、こんな視点でExcelを有効活用している

1　作業効率のアップが第一、「使うこと」を目的にしていない
- 工夫をしないでコピペや手入力を繰り返すから長時間の残業に…… … 024

2　時短のコツが、「編集」と「書式設定」にあることを知っている
- どこにムダな時間を費やしているのかを自覚しよう …………………… 026
- ［編集］と［書式設定］を同時に効率化できる
  「ピボットテーブル」を マスターしよう ……………………………… 028

3　他部門からの評価もアップ、昇給や昇進のきっかけに
- 会議中でも数秒でデータをサッと切り替え、
  よりスピーディーに対応できる …………………………………………… 032

第2章　大量のデータを上手に取り扱う「ピボットテーブル」の基本を知る

1　数式や関数を使わず、基本は「マウス操作」だけ
- 「ドラッグ＆ドロップ」だけで操作できる ……………………………… 038

2　複数の項目ごとにデータを作り替えたいときに便利で簡単
- 3つ以上の切り口でまとめるのも数秒でできる ……………………………… 040
  販売データをもとに「商品ごとの売上（購入金額）」をまとめよう ……… 041
  「日付」を横に並べて表示しよう ……………………………………………… 045
  「桁区切りのカンマ」を表示しよう …………………………………………… 047

3　もうイライラしない！　エラーを防ぐときの3つの注意点を知ろう
- スムーズに使うためには「お約束」がある ………………………………… 050

第3章　ピボットテーブルの「5大機能」を活用しよう

1　どんな表も一瞬で作成！　商品別や日付別で売上状況を分析する
- ビジネスで役立つ「3つの分析方法」とは？ ………………………………… 060
  （1）「並べ替え」を使うと、データの入れ替えも簡単 …………………… 060
  （2）「グループ化」を使えば、
  　　「半期ごと」「四半期ごと」の集計も可能 ……………………………… 065
  　　日付以外の項目を「グループ化」してみよう ………………………… 069
  （3）「絞り込み」をすれば、必要な情報だけをパパッと分析 …………… 073

2　見やすくて便利！　前月比や前年同月比で売上状況を分析する
- ビジネスで役立つ「2つの条件変更方法」とは？ …………………………… 078
  （1）売上全体に占める割合をパーセントで表示しよう ………………… 078
  （2）「5,000円未満の商品」だけを別項目として追加しよう …………… 086
- ピボットテーブル内に新しく計算式を追加する方法とは？ ……………… 090
- 「テーブル」機能を適用すれば、いちいち反映する手間もなし ………… 094

017

第4章 ピボットテーブルを実務に役立てよう

1 大切なのは応用すること、練習問題をこなして知識をスキルに変えよう

- 集計・分析業務を行う ………………………………………………………………… 100

例題1　ピボットグラフを利用して視覚的にデータの推移を確認する

Q1　「営業所・担当得意先ごとの月別の売上」をピボットテーブルで集計して、桁区切りで数値を見やすくしてください。 ……………………… 102

Q2　ピボットテーブルのデザインを「表形式」にし、営業所ごとの小計は省略してください。その後、フィルターを用いて営業所ごとにデータを絞り込めるようにしてください。 ……………………… 108

Q3　Q2の情報を、営業所ごとに1枚のシートにまとめてください。 … 114

Q4　Q3でできた大阪営業所のシートを用いて、大阪営業所の担当得意先について、月別のピボットグラフを作成してください。売上が伸び悩んでいるのは、どの得意先でしょうか？ ……………………… 117

Q5　ピボットグラフ上でQ4の得意先のみに絞り込み、その担当者別の売上推移を折れ線グラフで表示してください。売上が伸び悩んでいるのは、どの担当者でしょうか？ ……………………… 120

例題2　ピボットテーブルを利用してABC分析

Q1　カテゴリごとの販売金額をピボットテーブルで集計して、桁区切りで数値を見やすくし、かつ、大きい順（降順）に並べ替えてください。……… 123

Q2　販売金額の右隣の列に「比率の累計」を計算し、ABC分析を行ってください。累計で80％以上になる「A」カテゴリは何個ありますか？… 129

Q3　「比率の累計」を外し、「販売金額」から「仕入金額」を引いて「粗利」という項目を追加してください。……………………………………… 135

Q4　単行本・雑誌・漫画・問題集・絵本の5つを「本」という一つのカテゴリにグループ化してください。………………………………………… 138

Q5　「粗利」について、4/1 - 15を「前半」、4/16 - 30を「後半」として、横に「前半」「後半」「総計」を並べてください。……………………… 140

Q6　ピボットグラフ（折れ線グラフ）を作成し、4月前半と後半の粗利の推移を確認してください。明らかに粗利が落ち込んでいるカテゴリは何でしょうか？……………………………………………………………… 144

第5章 その他の［編集］テクニックを使って、ムダな時間をなくそう

1　5分、10分を短縮して全体の作業時間を少なくする
- 仕事が速い人はピボットテーブル以外の時短ワザも使っている ………… 152
- 表記の揺れを一瞬で解決、「置換機能」でムダとミスをなくす ………… 153
  - （1）「(株)」という文字をすべてのシートから検索し、
    「株式会社」に一括で置き換える ……………………………………… 153
  - （2）指定した部分だけ一括で赤色の太字斜体に変更する ……………… 157
  - （3）売上金額が「平均以上のデータのみ」を抽出する ………………… 162
  - （4）「名古屋営業所」「売上60万円以上」「女性」の
    データだけを別シートに抽出したい …………………………………… 165
  - （5）横方向にデータの並べ替えを行う …………………………………… 171

2　コピペで差がつく！　ミスを減らして、ムダをなくす方法とは？
- コピー＆ペーストの正しい使い方を知る ………………………………… 177
  - （1）離れたセルに「同一データ」を一気に入力する …………………… 177
  - （2）「空白セル」だけをすべて選択して、一気に「-」を入力する … 180
  - （3）週末を除いて、
    平日のみの連続データを入力したい場合は…… ……………………… 183
  - （4）ダブルクリックで数式を一括コピーする …………………………… 187
  - （5）複数の担当者間で表記のズレをなくしたいときには ……………… 190
  - （6）VLOOKUP関数で自動転記する ……………………………………… 195

第6章 まだまだある時短ワザ、[書式設定]テクニック

1 デザインの微調整でムダな時間をかけないコツとは？
- 一瞬で見た目を整える時短ワザを学ぼう ……………………………… 202
- （1）斜めの線を上手に引くコツ ………………………………………… 203
- （2）書式のみをコピペしてフォーマットの一部を再利用する ………… 206
- （3）セルの中にグラフを表示してデータの推移を視覚化する ………… 213
- （4）平均値以上のデータのみに色を付ける …………………………… 215
- （5）日付を曜日で表示する ……………………………………………… 223

あとがき　230

第1章

絶対残業しない人は、こんな視点でExcelを有効活用している

1. 作業効率のアップが第一、「使うこと」を目的にしていない

**工夫をしないでコピペや手入力を繰り返すから
長時間の残業に……**

　ひと昔前は、デスクワークといえば紙の作業が中心でした。企画書も提案書も1枚1枚丁寧に手書きし、決算書類にいたっては何人もの経理スタッフが手分けして何枚も手書きで下書きを作成していました。

　今では、そういう仕事はほとんどExcelに置き換えられましたが、紙で手書きしていたことを、単純にExcelへの入力に置き換えてやっているだけでは、まだまだExcelを有効活用できているとはいえません。

　もともとExcelとは、仕事の作業効率をアップするための「道具」であって、使うことが目的ではありません。

　しかし、多くのビジネスパーソンがそのことを何となくわかったつもりでいるから、結局Excelを使うことばかりに気がいってしまい、平気で延々と手作業で入力したり、データのコピペを繰り返したりして何時間も費やし、結果、長時間の残業になってしまうのです。

たとえば、次のような経験をしたことはありませんか？

- データをコピーしたら罫線の一部が消えてしまうので、いつも元通りに罫線を引き直している
- 平均値以上のデータに色を付けたが、データ数が変更されたため、平均値を計算し直してあらためて色を付け直している
- 「○人」「○個」など、単位が入力されているセルを一つずつ探し、単位の文字だけを消して、数値データに変えている
- シート内のデータをいちいち計算機で計算して、その結果を表に入力している
- 取引先一覧からデータを何度もコピペして、その取引先の数だけレポートを作成している
- いつも同じ項目を手作業でコピーして新たな集計表にまとめ直している
- たくさんのシート上にある、似たような表の罫線や表示形式を毎回イチから設定して整えている

このような使い方をしていると、資料作成のために何時間も残業してしまうことがあるでしょう。ところが、業務のほとんどは、Excelの使い方を少し工夫するだけで数分で片付きます。

紙の時代に手順やフォーマットを工夫していたのと同じように、Excelで仕事をするときも工夫・改善を加えることによって、**仕事の効率を高めるツールとして有効活用する**ことが大切なのです。

2 時短のコツが、「編集」と「書式設定」にあることを知っている

どこにムダな時間を費やしているのかを自覚しよう

　Excelを学ぶ最大のメリットは「時間が手に入ること」です。

　入力作業にやたらと時間がかかったり、コピー&ペースト（以下、コピペ）をしたら罫線まで消えてしまって何度も罫線を引き直したり、似たような表をたくさん作って結局どのデータが正しいのかわからなくなったり……。

　そんなムダな1〜2時間がたった数分ですむようになるのです。

　作業時間を短くできない人は「時間がない、時間がない」と定時を過ぎてもいつまでも仕事をやっています。そして時間が足りずに残業をして終電で帰る、そんな生活を繰り返しています。**家族と過ごせたはずの時間、自分の趣味に使えたはずの時間、多くの時間を毎日失い続けている**のです。

　では、Excel業務のどこにそんなに時間がかかっているのでしょうか。
　Excelでは、どんな仕事をするときも次の流れが共通です。

①ファイルを開く（あるいは新規作成する）
②数字、文字、図（グラフを含むオブジェクト）などの編集作業をする
③書式設定で形を整える
④印刷する
⑤ファイルを保存して閉じる

印刷をしなかったり、図形を使わない場合もありますが、それ以上のプロセスが発生することはありません。

Excelのフロー

①ファイルを開く	作業			⑤ファイルを保存して閉じる
	②編集	③書式設定	④印刷	
	関数等でデータをまとめる	見た目を整える	プリントアウト	

このプロセスを時間がかかっている順に並べ替えると、②［編集］→③［書式設定］→④［印刷］→①⑤［ファイル操作］の順になります。

Excelをうまく活用している人は、とくにこの上位2つのプロセス、[編集]と[書式設定]に関する操作を上手にやっているのです。

［編集］と［書式設定］を同時に効率化できる「ピボットテーブル」をマスターしよう

　この［編集］と［書式設定］の役割を同時に行う最強機能が「ピボットテーブル」です。ピボットテーブルを実務でうまく活用することが、「残業をしない人」への近道になります。

　次のアンケート結果は、私が実施したセミナーの参加者に記入してもらったものの一部ですが、ピボットテーブルの有効性はこれらのデータからも明白です。（※「Q どのような業務にピボットテーブルを活用して、どのくらいの成果があったかを教えてください」という設問に対しての受講生から回答の一部です）

第1章 絶対残業しない人は、こんな視点でExcelを有効活用している

セミナーでリウ先生に習ったことをチームのメンバーに伝えました。今では皆、ピボットテーブルの基本の操作を覚え、使えるまでになりました。工場部門のデータは項目数が多く細かいのですが、元データ段階でピボットで確認してから報告書を作っています。1ヶ月で100時間以上の工数節減になっています。

私は経理を10年以上やっていますが、ピボットを使うようになり、仕事が効率的になり上司から評価が上がり周囲からの評価が上がりました。

会計ソフトのデータから社内資料を作るのに手間取っていたのですが、ピボットテーブルの機能で9割方（それ以上？）の自動化ができてしまいました。分析の業務に多くの時間を使えるようになり、楽しく仕事が進められるようになりました。

マーケティング担当で、アンケート等の集計をすることが多いです。打ち合わせの前に、いろいろな切り口から集計して傾向をつかむのにピボットテーブルを使っています。今では、これがないと仕事にならないくらいです。

各部の経費の集計にピボットテーブルを使っています。マウスだけで集計して簡単に分析までできるので、最強だと改めて実感しています😊

ピボットテーブルは一部の高度な分析が必要な人が使うものだと思っていましたが、習ってみると、簡単で便利なことがわかって、今では重宝しています。
内部統制担当。

内部監査業務に活用しています。
監査重点項目の分析時、ピボットテーブルを利用することで各部門、各社の状況が見える化され、評価時間が短縮、監査業務が著しく効率化された。残業時間も削減された。

人事の業務で扱ういろいろなデータをピボットテーブルを使うことで簡単にまとめることができて、とても便利です。
ピボットテーブルを使う前に比べてとても楽になりました。

エクセルは独学で勉強していたので、ピボットテーブルも適当に使っていた。レポートフィルターを習って活用し出してからは少なくとも週10時間くらいは効率化できるようになったと思う。経営企画です。

営業の管理職で部下の実績の集計にピボットを使っています。
前は違う表を沢山作っていましたが、ピボットテーブルを教わってからはドラッグアンドドロップだけでいろんな分析ができるようになったので、本来のマネジメント業務の方に多くの時間をさけるようになりました。

ここでは10名分だけピックアップしていますが、実務でピボットテーブルを活用できるようになった多くの方が大幅な効率アップを果たしています。彼らの中には初めてピボットテーブルを見たとき、切り口の異なる表があっという間に次々とできていくさまを見て、目を丸くして驚いていた方もいました。

　しかし、今では職種を問わず、ほとんどの方が時短に成功していて、「もっと早くこの機能について勉強しておけば良かった」と話されています。

　おそらく、あなたも元のデータにコピペを繰り返してあれこれと手作業で加工して作表していませんでしたか？

　ピボットテーブルを使いこなせるようになれば、そんな面倒な仕事も、よりラクに、しかも正確に変えられるに違いありません。

　Excelを使うときに、あなたがどこで時間を費やしているのか、その原因を突き止めて、時間がかからない効率的なやり方を身につければ、おそらく今かかっている時間は半分以下になるはずです。

　これまで時間ばかり費やしてしまったのは、「方法を知らなかった」だけなので、本書できちんと時短のコツを学び、仕事もプライベートも充実できる時間の使い方を手に入れましょう。

3 他部門からの評価もアップ、昇給や昇進のきっかけに

会議中でも数秒でデータをサッと切り替え、よりスピーディーに対応できる

　今の企業では**スピードが最優先**されます。

　たとえば、あなたが全社的に大きなプロジェクトに携わることになった場合、たいていは定期的にその進捗を報告する会議があります。経営陣・各部門の責任者が一堂に会する場にあなたも同席することが多くなるでしょう。事前に数字の結果やその根拠をまとめて会議に臨みますが、参加者はそれぞれ異なった立場・視点で聞いています。

「予実差は？」「四半期ごとには？」「前年同月比では？」「支社ごとには？」「担当地域ごとには？」「それらの組合せを比較すると？」などと、さまざまな視点で質問が飛んでくることでしょう。

　これらの質問に対して、「次回までにまとめて報告します」と回答するときもあれば、「会議後すぐに確認して、本日中にメールで共有します」という場合もありますね。

ただ、「あ、10秒ほどお待ちください」と映していたパワーポイントからサッとExcelの元データに切り替え、**ピボットテーブルで大量のデータをサクッとまとめ直してリアルタイムに回答**できれば、他部門からの評価もより高くなると思いませんか？

　私はさまざまな企業で人事部長の経験をしてきましたので、人事評価の裏側もすべて知っていますが、他部門からの評価が高いと、昇給や昇進などで相当有利になることは間違いありません。

　もちろん、会議前に自分でデータ分析をするときにもピボットテーブルは役立ちます。なんといっても、切り口を一瞬で変更しながら情報を見ることができるので、部門ごとに「年間データ→四半期ごとのデータ→月ごとのデータ」と確認し、その直後に、今度はチームごとの「年間データ」に切り替えるなど、短時間で臨機応変なチェックが可能です。

しかも、ピボットテーブルは難しい機能ではありません。難しい数式や関数を使うことなく、**マウスのドラッグ＆ドロップだけで直感的に扱えるので、Excel初心者の方であっても積極的に活用できる**のです。

　Excelをうまく使ったからといってそれ自体が評価されることはありません。
　ただ、Excelを使いこなして圧倒的な結果を出せば、あなたは時短でラクができるようになるだけではなく、評価も高くなって、他の人より早く昇給や昇進ができるというメリットもあるのです。

　本書では、そんなきっかけを作ってくれる「ピボットテーブル」という機能を中心に、Excel業務効率化のカギとなる［編集］と［書式設定］における時短ワザの数々をご紹介していきます。

　私のセミナーや、メルマガ、ブログなどを通していただいた質問や情報提供、私自身の実務経験をすべて加味して、ビジネス現場で本当に効果的にExcelを活用するためにはどうすればいいのかを、実践的なケーススタディを用いて解説します。
　Excel初心者の方でも理解できるように、できるだけ平易な言葉で説明しましたので、これから先も安心して読み進めてください。

第1章のまとめ

- Excelを効率的に活用するには、まず、何のために使うのか、「目的」を考えることが大切。
- 残業しない人は、［編集］と［書式設定］のプロセスに関する操作を上手にやっている。
- ［編集］と［書式設定］を同時に効率化できる最強機能がピボットテーブルである。

第 2 章

大量のデータを上手に取り扱う「ピボットテーブル」の基本を知る

1 数式や関数を使わず、基本は「マウス操作」だけ

「ドラッグ＆ドロップ」だけで操作できる

「ピボット」とは、"Pivot"というスペルで「中心」「回転軸」という意味です。「さまざまな項目をクルクルと入れ替えて、いろんな角度から数字を眺めることができる表」とイメージするとわかりやすいでしょう。

たとえば、Excelで月別の部門別売上データを集計すれば、その情報を静止画として見ることができますが、ピボットテーブルを使えば、「月別はわかったから今度は四半期別に見てみよう」「部門別はわかったから今度はチーム別に見てみよう」など、あたかも動画を見ているようにコロコロと項目を変更しながらその情報を見ることができます。

つまり、「**大量のデータからいくつかの切り口でデータを集め直し、軸を自由に入れ替えて、さまざまな角度から見たい表を表示させる集計・分析機能**」といえるのです。

しかも、**難しい数式や関数をいっさい使わず、マウスの「ドラッグ＆ドロップ」だけで操作できます**。マウス操作だけで直感的に扱えるので、**初心者の方にこそお使いいただきたい**機能なのです。

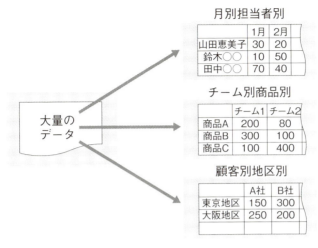

ピボットテーブルの「○○別」まとめイメージ

　使いこなせれば、かなり便利なツールですが、ビジネスの現場では意外と活用されていません。多くのExcel本には上級者向けの機能として解説されているため、敬遠される人が多いのです。

　そこで、ここからは、ピボットテーブルの基本的な使い方について解説していきます。一度使ってみると、簡単でとても便利な機能であることが実感できます。ぜひ一緒に操作してみてください。

2 複数の項目ごとに データを作り替えたい ときに便利で簡単

3つ以上の切り口でまとめるのも数秒でできる

　さっそく「ピボットテーブルの使い方」を解説していきます。
　まずはシンプルな例をもとに、その設定方法や基本操作について実際に練習してイメージをつかんでおきましょう。

　次の図1は、2月1日の家具の販売データの表です。
　日付順に並んではいますが、このままでは単なるデータの羅列にすぎませんね。この表からピボットテーブルを作成して、商品ごとの売上（購入金額）をまとめてみましょう。

　もちろん、商品ごとの売上だけではなく、たとえば、会員ごとの購入数量をまとめることもすぐにできます。また、月ごと・商品ごと・会員ごとの売上など、3つ以上の切り口でまとめることも数秒でできるので大変便利ですよ。

販売データをもとに「商品ごとの売上（購入金額）」をまとめよう

	A	B	C	D	E	F
1	日付	商品	単価	数量	購入金額	会員名
2	2016/2/1	収納ケース	3,000	5	15,000	非会員
3	2016/2/1	カーテン	4,000	1	4,000	非会員
4	2016/2/1	ソファ	40,000	1	40,000	非会員
5	2016/2/1	ラック	5,000	2	10,000	田中　純
6	2016/2/1	照明器具	6,000	1	6,000	大島　康宏
7	2016/2/1	照明器具	6,000	2	12,000	澁田　彩子
8	2016/2/1	照明器具	6,000	1	6,000	澁田　彩子
9	2016/2/1	収納ケース	3,000	3	9,000	非会員
10	2016/2/1	ダイニングチェア	20,000	1	20,000	林　裕信
11	2016/2/1	カーテン	4,000	1	4,000	林　裕信
12	2016/2/1	照明器具	6,000	1	6,000	陣野　大介
13	2016/2/1	カーテン	4,000	3	12,000	冬木　雪子
14	2016/2/1	カーテン	4,000	2	8,000	松居　宏人
15	2016/2/1	カーテン	4,000	1	4,000	高山　健一

図1 ダウンロード ［Sheet1］

手順1 表内のセルをどこか選択して、［挿入］タブ→［ピボットテーブル］をクリックしてください。

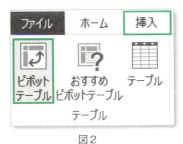

図2

手順2 ［ピボットテーブルの作成］ダイアログが表示されるので、選択範囲を確認して（点線で囲まれます）、［OK］をクリックする。

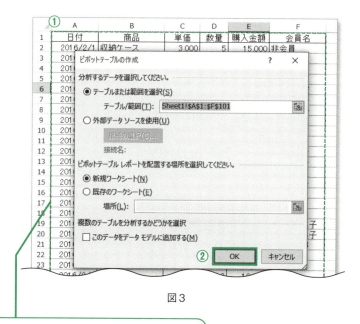

図3

選択範囲が自動的に点線で囲まれるので、正しく選択されているか確認してから［OK］をクリックする

手順3 商品ごとの売上をまとめたいので、［ピボットテーブルのフィールド］内の［商品］、［購入金額］にチェックを入れてください。

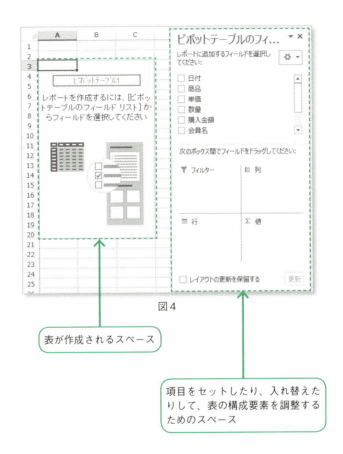

図4

表が作成されるスペース

項目をセットしたり、入れ替えたりして、表の構成要素を調整するためのスペース

いかがですか？　次のような表になりましたか？

これで商品ごとの売上（購入金額）がまとまりました。じつに簡単ですよね。このようにピボットテーブルを使うと、**マウス操作のみで簡単に表を作成できます。**

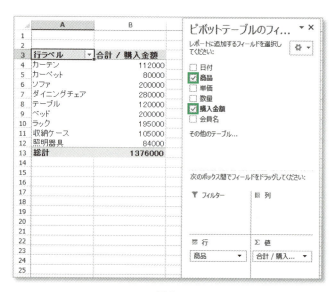

図5

さらに、表のレイアウトや項目を、思い通りに瞬時に変更できるので、動的にデータを集計・分析することが可能です。試しに、先ほど作成した表をもとに、「日付」を横に並べて表示してみましょう。

「日付」を横に並べて表示しよう

手順1 ［ピボットテーブルのフィールド］内の［日付］にチェックを入れて、［日付］を「列」の領域にドラッグ＆ドロップしてください。

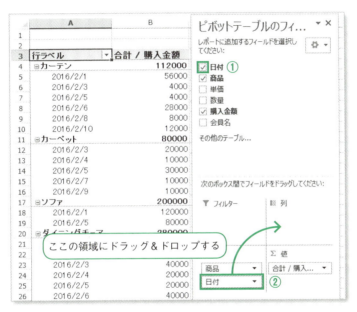

図6

次のような表（図7）に一瞬で切り替わりましたか？

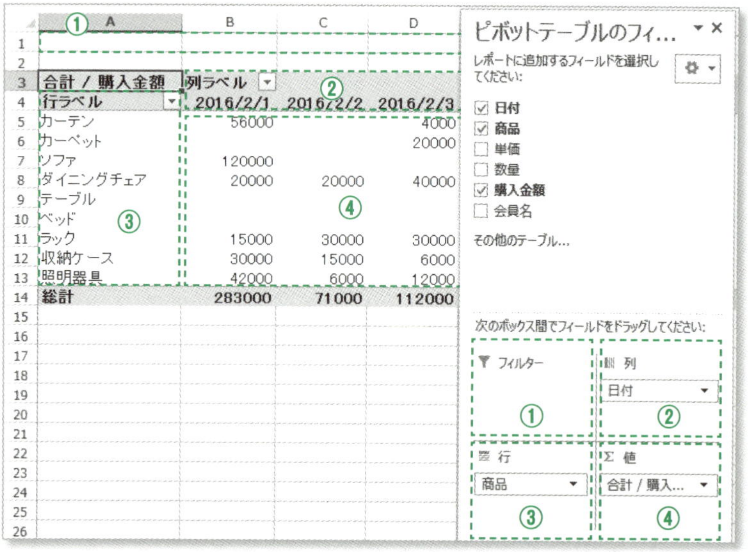

図7

［ピボットテーブルのフィールド］と、シート上のレイアウトは、①〜④で示したような対応関係にあります。

このように**各項目を対象領域にドラッグ＆ドロップすることによって、簡単に表のレイアウトを切り替えることができます**。

商品ごとの売上を日別にまとめることができましたが、このままでは数字が見にくいので、桁区切りのカンマを入れておきましょう。

「桁区切りのカンマ」を表示しよう

手順1 ［ピボットテーブルのフィールド］内の［合計／購入金額］の右側にある［▼］をクリックして［値フィールドの設定］を選択します。

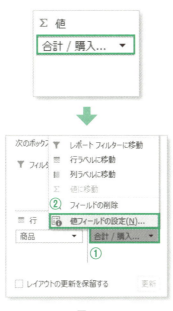

図8

手順2 ［値フィールドの設定］ダイアログで［表示形式］をクリックし、［セルの書式設定］ダイアログを表示します。

［分類］で「数値」を選択し、［桁区切り(,)を使用する］にチェックを入れて［OK］をクリックしたら、［値フィールドの設定］ダイアログに戻るので［OK］をクリックします。

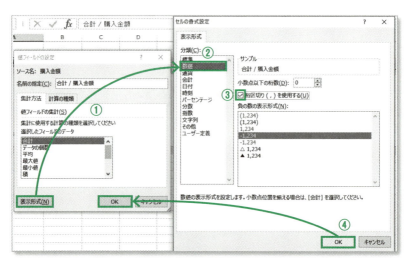

図9

次のように、数値に桁区切りのカンマが入れば完成です。

	A	B	C	D	E	F
1						
2						
3	合計 / 購入金額	列ラベル				
4	行ラベル	2016/2/1	2016/2/2	2016/2/3	2016/2/4	2016/2/5
5	カーテン	56,000		4,000		4,000
6	カーペット			20,000	10,000	30,000
7	ソファ	120,000				80,000
8	ダイニングチェア	20,000	20,000	40,000	20,000	20,000
9	テーブル					
10	ベッド				50,000	50,000
11	ラック	15,000	30,000	30,000	5,000	
12	収納ケース	30,000	15,000	6,000		12,000
13	照明器具	42,000	6,000	12,000	12,000	6,000
14	総計	283,000	71,000	112,000	97,000	202,000

図10

いかがでしょうか？　思ったより簡単だったのではないでしょうか。

ピボットテーブルの基本的な使い方を知っていれば、さまざまな状況に応じて活用ができます。あなたがどんなデータを見たいのか、イメージさえできれば、その項目に応じてマウスを操作するだけですむので、瞬時に表作成ができるのです。難しい知識もテクニックもいらないので、基本を知っているだけで、作業時間があっという間に短縮できるでしょう。

3 もうイライラしない！エラーを防ぐときの3つの注意点を知ろう

スムーズに使うためには「お約束」がある

　Excelはユーザーインターフェイスも非常によくできているので、たいていの機能はお試しでちょっとやってみて、「ああ、こういうことができるのか」と確認することができます。

　しかし、ピボットテーブルは、「お約束」を守らないとエラーメッセージが出てまったく機能しません。忙しいときにこれをやられると、「もういいや」と使わなくなってしまうのも無理はないでしょう。

　実際、ビジネス現場でピボットテーブルが思ったほど使われていない理由は、「試してみようと思ったことはあるけれど、うまくいかなかったから使っていない」というのが非常に多いのです。

　そこで、ここからはピボットテーブルを活用するうえで、エラーにならないための3つの注意点をご紹介します。

1つ目は、作成にあたっての注意点です。

元表の最初の行の項目名が、各セルの1つずつに入力されているかどうかを必ず確認してください。空白のセルがあったり、セルが結合されていたりすると、ピボットテーブルはうまく作成できません。

試しに図1（P41）、F1セルの「会員名」という項目名を消した状態でピボットテーブルをつくってみましょう（図11）。

「会員名」という項目を消去

	A	B	C	D	E	F
1	日付	商品	単価	数量	購入金額	
2	2016/2/1	収納ケース	3,000	5	15,000	非会員
3	2016/2/1	カーテン	4,000	1	4,000	非会員
4	2016/2/1	ソファ	40,000	1	40,000	非会員
5	2016/2/1	ラック	5,000	2	10,000	田中　純
6	2016/2/1	照明器具	6,000	1	6,000	大島　康宏

図11

表内のセルをどこか選択して、[挿入] タブ→ [ピボットテーブル] をクリックし、範囲を設定して [OK] をクリックしてみてください。

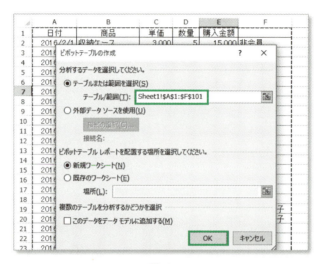

図12

　次のエラーが表示されますね。エラー表記が長く、書いてある意味もよくわからないため、このようなエラーが出るとピボットテーブル作成をあきらめて、ゼロベースから作表を始めてしまう人も多いようです。

> そのピボットテーブルのフィールド名は正しくありません。ピボットテーブル レポートを作成するには、ラベルの付いた列でリストとして編成されたデータを使用する必要があります。ピボットテーブルのフィールド名を変更する場合は、フィールドの新しい名前を入力する必要があります。

　しかし、その必要はありません。このエラーが表示されたら、項目欄をチェックしてみてください。どこかに空白のセルがあるはずです。

2つ目は、データ更新時の注意点です。

試しに図1（P41）、E2セルの「購入金額」を2ケタ増やして「1,500,000」と上書き入力してみてください（図13）。

図13

すると、元表のデータが変更されたので、ピボットテーブルのほうも変更されていてしかるべきですよね。では、作成したピボットテーブルの該当するセルを確認してみましょう。

2月1日の収納ケースの購入金額欄なので、図14のピボットテーブルでは、B12セルが1,500,000円以上に変更されていなければなりません。ところが、「30,000」のまま変更されていませんね。

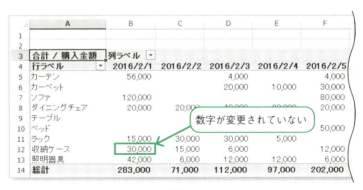

図14

ピボットテーブルは、元表のデータを変更しても自動的に反映されません。ピボットテーブルの集計結果を更新するには、**更新したいピボットテーブル内のどこかのセルを選択して、[ピボットテーブルツール]→[分析]タブ→[更新]をクリック**する必要があります。

　データを変更した際には必ずこの操作を行うようにしてください（図15）。[ピボットテーブルツール]タブは、ピボットテーブル内のどこかのセルを選択すれば、自動的に出てきます。

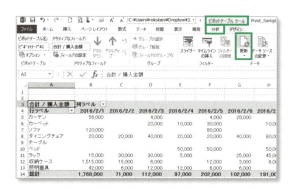

図15

　また、同一ブック内に複数のピボットテーブルが作成されていて、そのすべてのデータを更新したい場合は、**[ピボットテーブルツール]→[分析]タブ→[更新]→[すべて更新]**としてください（図16）。

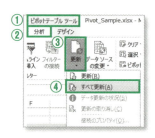

図16

3つ目は、元表のデータ項目を増やす際の注意点です。

試しに図1（P41）、G列に「会員番号」という項目を追加してみてください（図17）。

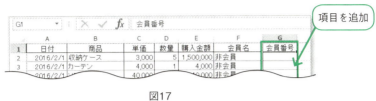

図17

元表の項目を増やすと、設定したピボットテーブルの範囲が変わってしまい、うまく作表されません。**元表の項目を増やす際には［ピボットテーブルツール］→［分析］タブ→［データソースの変更］をクリックして、参照範囲を再設定する**ようにしてください（図18・19）。

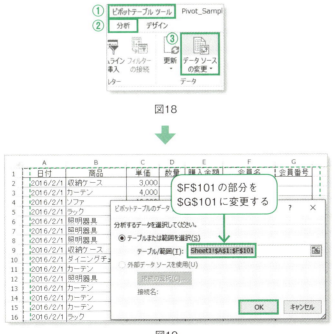

図18

図19

参照範囲を「Sheet1!$A$1:$G$101」と再設定して［OK］ボタンをクリックすると、図20のように、追加した項目［会員番号］が［ピボットテーブルのフィールド］内にも出てくるようになり、集計対象として設定することができるようになります。

図20

　以上、3つの注意点に気をつければ、エラーが出たり、想定外の表ができてしまって落胆したりすることはほとんどなくなります。
　これらの基本を踏まえたうえで、次の章から、ピボットテーブルの強力な集計・分析機能についてご紹介していきます。

第2章のまとめ

- ピボットテーブルとは、大量のデータからいくつかの切り口でデータを集め直し、軸を自由に入れ替えて、さまざまな角度から見たい表を表示させることができる集計・分析機能
- 空白のセルがあったり、セルが結合されていたりすると、ピボットテーブルはうまく作成できない。
- 元表のデータを変更して、ピボットテーブルの集計結果を更新するには、[ピボットテーブルツール]→[分析]タブ→[更新]をクリックする。

第 3 章

ピボットテーブルの「5大機能」を活用しよう

1. どんな表も一瞬で作成！商品別や日付別で売上状況を分析する

ビジネスで役立つ「3つの分析方法」とは？

　ピボットテーブルの機能は多岐にわたります。

　実際のビジネスシーンにおいて、ピボットテーブルを自在に操るために押さえておきたい**分析方法3つと、条件の変更方法2つ**をご紹介します。まずは3つの分析方法です。

　1つ目は「並べ替え」、2つ目は「グループ化」、そして3つ目は「絞り込み」です。順番に解説していきます。

≫（1）「並べ替え」を使うと、データの入れ替えも簡単

　まずは**「並べ替え」**です。データ分析をしていて、数値のインパクトが大きい順に並べたいというケースはよくありますよね。日付順や数字順に並べ替えて整理するのは、データ分析の基本中の基本です。

　そこで具体例を用いてデータを並べ替えてみましょう。前章で使った図5で、[購入金額]を大きい順に並べ替えます。

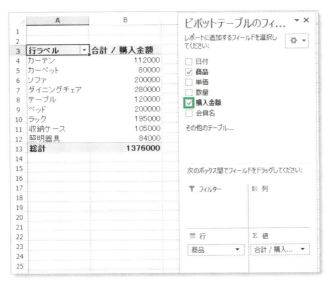

図5

手順1 A3「行ラベル」の右側にある［▼］をクリックして［その他の並べ替えオプション］を選択してください（図21）。

図21

手順2 ［降順］にチェック印を入れ、ドロップダウンリストから［合計／購入金額］を選択して［OK］ボタンをクリックしてください（図22）。

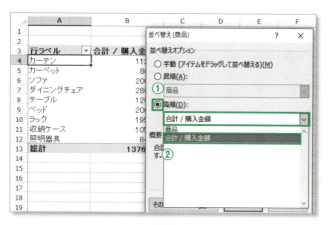

図22

これで、購入金額が大きい順に並べ替えることができます（図23）。

図23

ちなみに、手順2で［商品］を選択していれば、次の図24のように、商品名が降順に並べ替えられます。

図24

　並べ替えたいデータのあるセルの一つを選択して、［データ］タブ内にある、［昇順］ボタン か、［降順］ボタン をクリックする方法も簡単ですので覚えておきましょう。

　また、昇順や降順ではなく、自分で並び順を決めることもできます。

　たとえば、常に「ベッド」のデータをいちばん上に表示させたい場合は、次の**手順で直接項目を移動させてしまえば、その表示順序をExcelが覚えてくれます。**

手順1 A9セル「ベッド」のところにマウスポインターを移動し、ポインターの形が右向きの矢印に変化したらクリックして、「ベッド」の行を選択します。

手順2 選択範囲の端にマウスポインターを移動すると、今度はポインターの形が十字矢印に変化するので、3行目と4行目の間の行へドラッグ＆ドロップしてください（図24－2）。

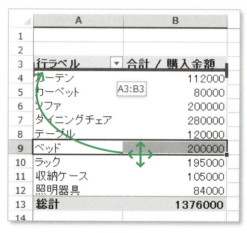

図24－2

(2)「グループ化」を使えば、「半期ごと」「四半期ごと」の集計も可能

　分析方法の2つ目は「グループ化」です。

「半期ごと」あるいは「四半期ごと」に集計したい、「お菓子類」や「飲料」など、個別の商品ではなく、まとまった単位として集計したい。こんなときは「グループ化」を使えば便利です。

　実例を用いてやってみましょう。

　前章で使った図10で、［日付］を基準に、5日ごとに前半と後半にグループ化します。つまり、2月1〜5日を「前半」、2月6〜10日を「後半」として集計するということです。

合計 / 購入金額	列ラベル				
行ラベル	2016/2/1	2016/2/2	2016/2/3	2016/2/4	2016/2/5
カーテン	56,000		4,000		4,000
カーペット			20,000	10,000	30,000
ソファ	120,000				80,000
ダイニングチェア	20,000	20,000	40,000	20,000	20,000
テーブル					
ベッド				50,000	50,000
ラック	15,000	30,000	30,000	5,000	
収納ケース	30,000	15,000	6,000		12,000
照明器具	42,000	6,000	12,000	12,000	6,000
総計	283,000	71,000	112,000	97,000	202,000

図10

手順1 ピボットテーブル内の日付をどこでもいいので選択して、［ピボットテーブルツール］→［分析］タブ→［グループの選択］をクリックしてください（図25）。

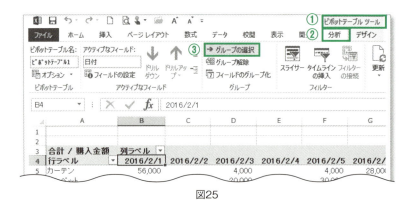

図25

手順2 図26のように、［グループ化］ダイアログが表示されるので、「単位」に［日］を選択して、「日数」欄を「5」としてください（「単位」の［日］や［月］などは、選択後にもう一度クリックすると選択が外れます）。

図26

手順3 B4セルとC4セルの日付を、それぞれ「前半」、「後半」と上書き入力してください（図27）。

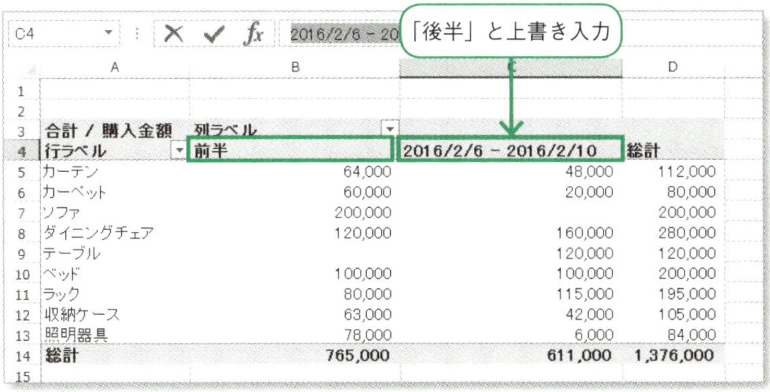

	A	B	C	D
1				
2				
3	合計 / 購入金額	列ラベル		
4	行ラベル	前半	2016/2/6 - 2016/2/10	総計
5	カーテン	64,000	48,000	112,000
6	カーペット	60,000	20,000	80,000
7	ソファ	200,000		200,000
8	ダイニングチェア	120,000	160,000	280,000
9	テーブル		120,000	120,000
10	ベッド	100,000	100,000	200,000
11	ラック	80,000	115,000	195,000
12	収納ケース	63,000	42,000	105,000
13	照明器具	78,000	6,000	84,000
14	総計	765,000	611,000	1,376,000
15				

図27

図28のようになれば日付のグループ化は完成です。

前半と比べて後半の売上が落ちていると、その原因はソファが一つも売れなかったことなど、グループ化することによって、数字の羅列だったリストが意味を持った表となり、わかりやすくなりましたね。

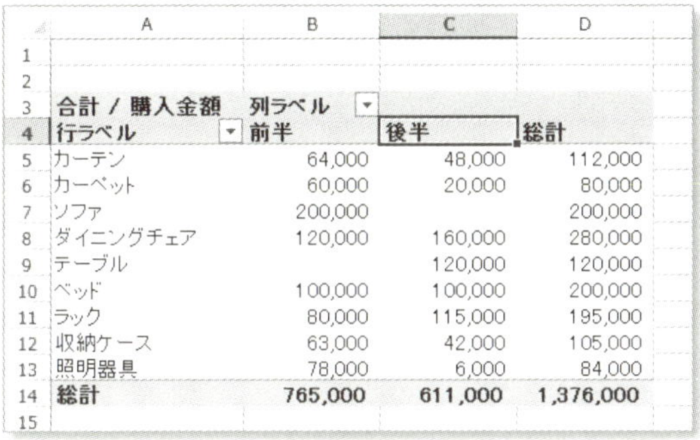

	A	B	C	D
1				
2				
3	合計 / 購入金額	列ラベル		
4	行ラベル	前半	後半	総計
5	カーテン	64,000	48,000	112,000
6	カーペット	60,000	20,000	80,000
7	ソファ	200,000		200,000
8	ダイニングチェア	120,000	160,000	280,000
9	テーブル		120,000	120,000
10	ベッド	100,000	100,000	200,000
11	ラック	80,000	115,000	195,000
12	収納ケース	63,000	42,000	105,000
13	照明器具	78,000	6,000	84,000
14	総計	765,000	611,000	1,376,000
15				

図28

P66の手順1で、最初に「日付」を選択しましたが、ピボットテーブルにおいては、**「選択」が重要な意味を持ちます**。何かを設定したい場合は、その対象となる部分を最初に選択してから操作をします。

　今回の例、「日付のグループ化」のように、日付についての設定を変えたい場合は「日付」に該当するセルを選択しておく必要があります。

　自分が何を選択しているかは、［ピボットテーブルツール］→［分析］タブの「アクティブなフィールド」欄にいつも出てきます（図28-2）ので、こちらを参照するようにしてください。

図28-2

　グループ化を解除するには、このまま**［ピボットテーブルツール］→［分析］タブ→［グループの解除］をクリック**すれば元に戻ります（図29）。

図29

それでは、引き続き、日付以外の項目もグループ化してみましょう。図28では、商品ごとに購入金額が集計されていますが、これを商品ごとではなく、「会員」の購入金額と「非会員」の購入金額に分けてみます。

日付以外の項目を「グループ化」してみよう

手順1 図28で、[ピボットテーブルのフィールド] 内の [会員名] にチェックを入れて、[商品] のチェックを外してください。これで、会員別の購入金額が集計されます（図30）。

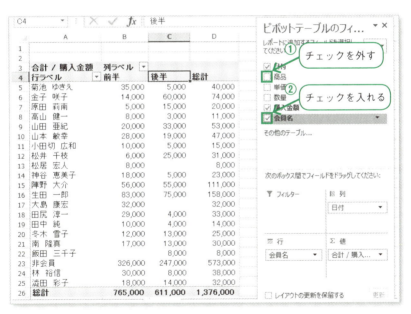

図30

手順2 A23セルの「非会員」というデータ以外をすべて選択し、[ピボットテーブルツール] → [分析] タブ→ [グループの選択] をクリックしてください（図31）。離れたセルは、[CTRL] キーを押しながらクリックすれば選択できます。

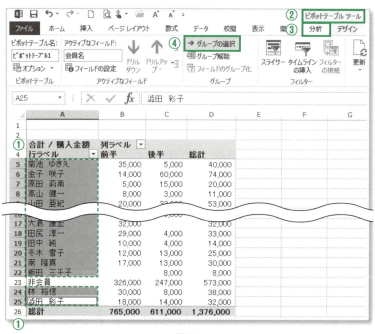

図31

手順3 図32のように、「グループ1」と「非会員」という大きなくくりが現れたら、A5セル「グループ1」の表記部分を「会員」と上書き入力してください。

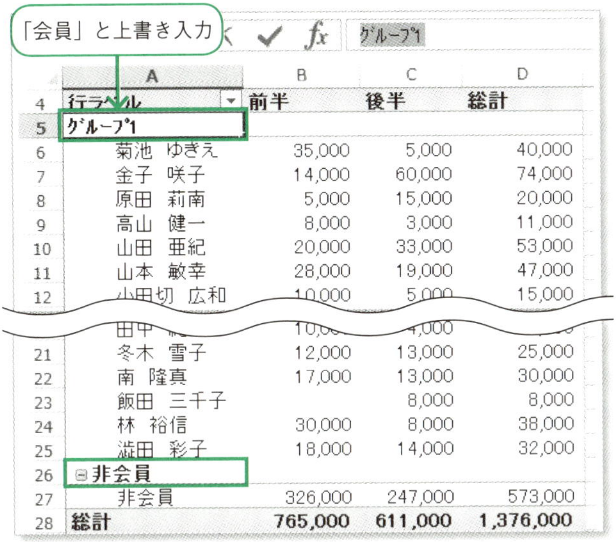

	A	B	C	D
4	行ラベル ▼	前半	後半	総計
5	グループ1			
6	菊池 ゆきえ	35,000	5,000	40,000
7	金子 咲子	14,000	60,000	74,000
8	原田 莉南	5,000	15,000	20,000
9	高山 健一	8,000	3,000	11,000
10	山田 亜紀	20,000	33,000	53,000
11	山本 敏幸	28,000	19,000	47,000
12	山田切 広和	10,000	5,000	15,000
〜	〜	〜	〜	〜
	田中	10,0	4,000	
21	冬木 雪子	12,000	13,000	25,000
22	南 隆真	17,000	13,000	30,000
23	飯田 三千子		8,000	8,000
24	林 裕信	30,000	8,000	38,000
25	澁田 彩子	18,000	14,000	32,000
26	非会員			
27	非会員	326,000	247,000	573,000
28	総計	765,000	611,000	1,376,000

「会員」と上書き入力

図32

手順4 図33のように、A5セル「会員」、A26セル「非会員」の左の「−（マイナス）」を両方ともクリックしてください。

図33

次の図34のようになればグループ化完成です。会員・非会員ともに、前半と比べて後半の購入金額が落ち込んでいるのがわかりますね。

	A	B	C	D
4	行ラベル ▼	前半	後半	総計
5	⊞ 会員	439,000	364,000	803,000
6	⊞ 非会員	326,000	247,000	573,000
7	総計	765,000	611,000	1,376,000

図34

(3)「絞り込み」をすれば、必要な情報だけをパパッと分析

分析方法の3つ目は「**絞り込み**」です。

分析の過程で、ある部門のデータだけに絞って確認したい場合や、ある勘定科目だけに絞って分析したい場合があります。そんなときに便利なのが「絞り込み」機能です。

具体例を用いてやってみましょう。前章で使った図5（P44）で、会員以外の購入データだけに絞り込んでみます。

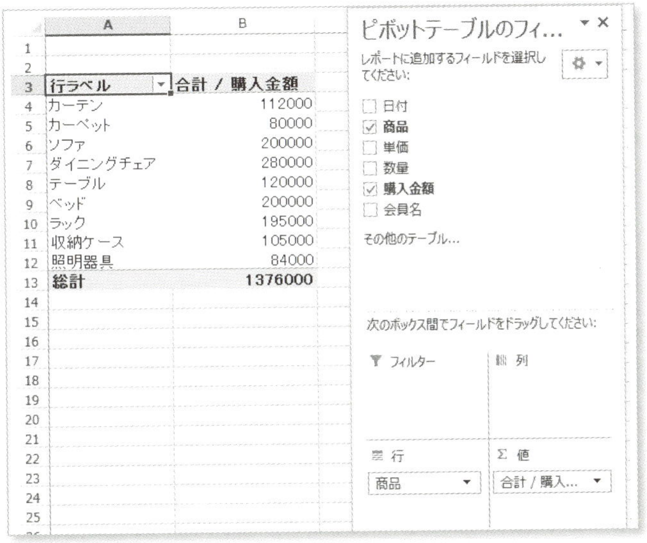

図5

手順1 ［ピボットテーブルのフィールド］内の［会員名］にチェックを入れ、「行」の領域から「フィルター」の領域にドラッグ＆ドロップしてください。次の図35のように、A1セルに「会員名」、B1セルに「(すべて)」と表示されればOKです。

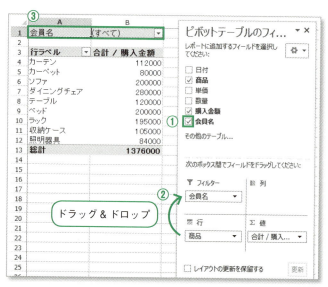

図35

手順2 B1セル「(すべて)」の右にある[▼]マークをクリックし、プルダウンリストから[非会員]を選択して[OK]をクリックしてください(図36)。

図36

次の図37のように、非会員のデータだけリスト化されれば絞り込みは完成です。

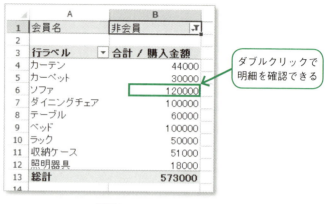

図37

　データを絞り込んだあとでも、いつでも詳細を確認することが可能です。ピボットテーブルでは、**確認したい部分をダブルクリックするだけで、簡単にその明細を見ることができる**のです。

　たとえば、上図37の「ソファ」の購入金額の明細を確認したい場合は、B6セルのソファの購入金額「120000」をダブルクリックしてみてください。新しいシートが作成され、図38のような明細が表示されます。
　これを**「ドリルスルー」**といいます。確認が終わったら、シートごと削除しておいてください。

図38

以上の3つが、ピボットテーブルのデータ分析方法です。

これらの「並べ替え」「グループ化」「絞り込み」の3つを使いこなせるようになるだけで、効率的なデータ分析が可能となります。たとえば、部内ミーティングで事前に自分でデータの傾向を分析しておきたいとき、「主力商品の売上が徐々に落ちてきているな」とか、「この商品はこの地区で強いんだな」など、2、3分もあれば分析できます。

また、プレゼンの場で出た質問に対してすぐに明細データや項目を並べ替えて、その場で回答できれば、翌日以降に持ち越さなくてもよくなるので、数日分の時間を短縮することもできます。

ぜひしっかりとマスターしていきましょう。

2 見やすくて便利！前月比や前年同月比で売上状況を分析する

ビジネスで役立つ「2つの条件変更方法」とは？

　ピボットテーブルは、データを足し算してまとめるだけではありません。データの個数を表示したり、平均値を表示したりと、**数々の集計方法が用意**されています。それら以外にも構成比を表示したり、順位を表示したりと、**計算の種類を変更する**ことも可能です。作表したあとから項目を追加してあらためて計算させることもできます。

　ここでは、さまざまな条件の設定方法について順番に解説していきます。

》（1）売上全体に占める割合をパーセントで表示しよう

　ピボットテーブルはデータを足し算して数字をまとめるだけではなく、設定によってさまざまな形で集計することが可能です。

　たとえば、前章の図8（P47）で、金額表示ではなく、構成比を表示させたい場合は、以下の手順で設定します。

手順1 ［ピボットテーブルのフィールド］内の［合計／購入金額］の右側にある［▼］をクリックして［値フィールドの設定］を選択します。

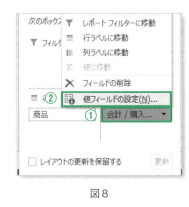

図8

手順2 ［値フィールドの設定］ダイアログで［計算の種類］タブをクリックし、ドロップダウンリストから［総計に対する比率］を選択して［OK］をクリックします（図39）。

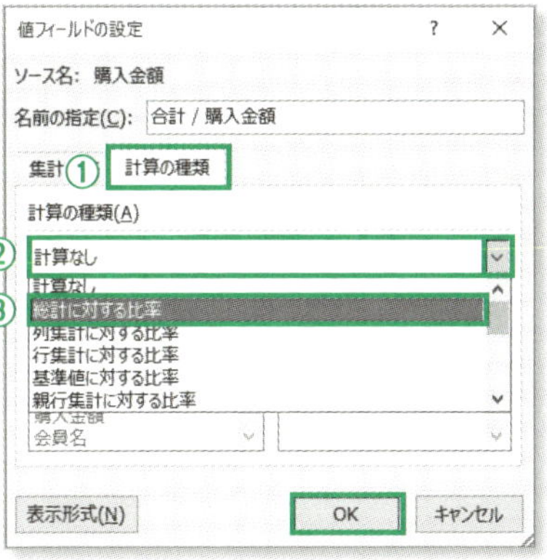

図39

次の図40のように、構成比がパーセント表示されましたか。

	A	B
3	行ラベル	合計 / 購入金額
4	カーテン	8.14%
5	カーペット	5.81%
6	ソファ	14.53%
7	ダイニングチェア	20.35%
8	テーブル	8.72%
9	ベッド	14.53%
10	ラック	14.17%
11	収納ケース	7.63%
12	照明器具	6.10%
13	総計	100.00%

図40

　また、手順2で、［集計方法］タブをクリックすると、今度はどのように集計させるかを選択することができます。

　たとえば、**それぞれの購入金額の最大値を表示させたい場合は、そこで［最大値］を選択して［OK］をクリック**します（図41）。

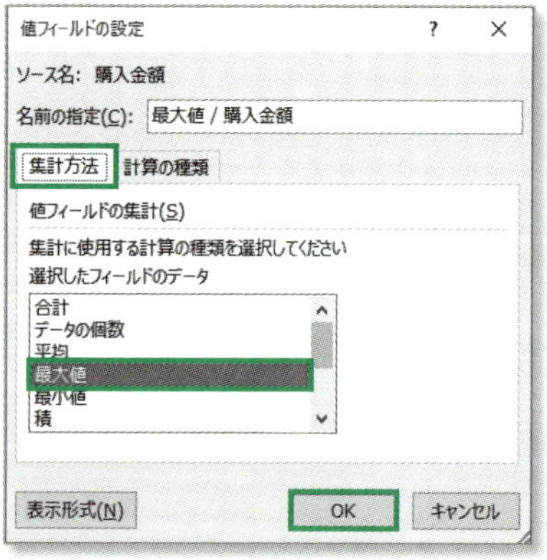

図41

最後に、前月比や前年比などの表示方法を解説しておきます。

一般的に、売上などの金額データは、基準となる数値と比較することで分析しやすくなることが多いので、実務では、金額の横に前月比や前年同月比などを加えて説明することも多いかと思います。

ここでは、P49の図10を用いて、前日比をパーセントで表示してみましょう。

	A	B	C	D	E	F
1						
2						
3	合計 / 購入金額	列ラベル				
4	行ラベル	2016/2/1	2016/2/2	2016/2/3	2016/2/4	2016/2/5
5	カーテン	56,000		4,000		4,000
6	カーペット			20,000	10,000	30,000
7	ソファ	120,000				80,000
8	ダイニングチェア	20,000	20,000	40,000	20,000	20,000
9	テーブル					
10	ベッド				50,000	50,000
11	ラック	15,000	30,000	30,000	5,000	
12	収納ケース	30,000	15,000	6,000		12,000
13	照明器具	42,000	6,000	12,000	12,000	6,000
14	総計	283,000	71,000	112,000	97,000	202,000

図10

手順1 ［ピボットテーブルのフィールド］内の［購入金額］を、「値」の領域の一番下にドラッグ＆ドロップし、［合計／購入金額2］の右隣の［▼］をクリックして、［値フィールドの設定］を選択してください（図42－1、42－2）。

図42－1

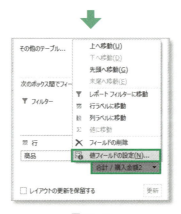

図42－2

手順2 ［値フィールドの設定］ダイアログで［計算の種類］タブをクリック。ドロップダウンリストから［基準値に対する比率］を選択し、「基準フィールド」で［日付］、「基準アイテム」で［(前の値)］を選択。

そのまま、［表示形式］をクリックし、「分類」で［パーセンテージ］を選択し「小数点以下の桁数」は「1」として［OK］をクリックしたら、［値フィールドの設定］ダイアログに戻るので［OK］をクリックします（図42）。

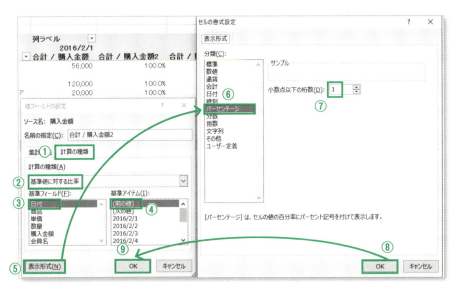

図42

ここまでで、次の図42-3のようになりましたでしょうか。

基本的な設定はここまでですが、前日に値がない場合、「#NULL!」というエラー値が表示されて少し見づらい表になってしまいましたね。このエラー表示を消して、タイトルも「前日比」に変更して仕上げます。

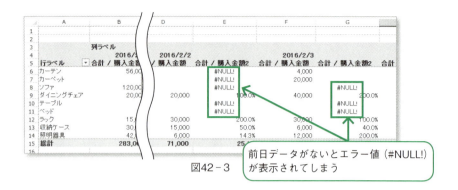

図42-3　前日データがないとエラー値（#NULL!）が表示されてしまう

手順3 ［ピボットテーブルツール］→［分析］タブ→［オプション］から、［ピボットテーブルオプション］ダイアログを表示し、［レイアウトと書式］タブ内、［エラー値に表示する値］にチェックを入れて右隣は空白のまま［OK］をクリックしてください（図42-4）。

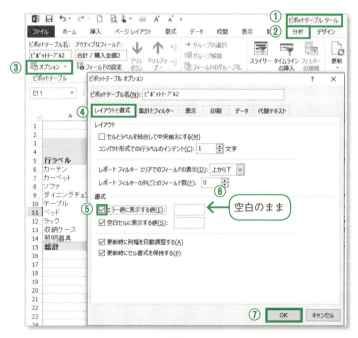

図42-4

手順 4 ピボットテーブルの表内の**項目名「合計／購入金額2」の表示を、「前日比」と上書き入力し、列幅を調整してでき上がりです**（図42－5）。

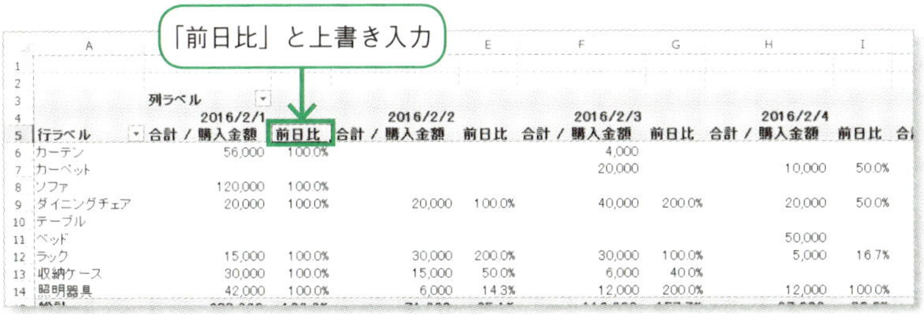

	A	B	C	D	E	F	G	H	I
1									
2									
3		列ラベル							
4		2016/2/1		2016/2/2		2016/2/3		2016/2/4	
5	行ラベル	合計 / 購入金額	前日比	合計 / 購入金額	前日比	合計 / 購入金額	前日比	合計 / 購入金額	前日比
6	カーテン	56,000	100.0%			4,000			
7	カーペット					20,000		10,000	50.0%
8	ソファ	120,000	100.0%						
9	ダイニングチェア	20,000	100.0%	20,000	100.0%	40,000	200.0%	20,000	50.0%
10	テーブル								
11	ベッド							50,000	
12	ラック	15,000	100.0%	30,000	200.0%	30,000	100.0%	5,000	16.7%
13	収納ケース	30,000	100.0%	15,000	50.0%	6,000	40.0%		
14	照明器具	42,000	100.0%	6,000	14.3%	12,000	200.0%	12,000	100.0%

図42－5

このように、**［値フィールドの設定］ボタンから、いろいろな計算の種類と集計方法を設定することができます**。これを活用することにより、ピボットテーブルでの表現の幅が広がり、実務での応用範囲も拡大することでしょう。

▶▶(2)「5,000円未満の商品」だけを別項目として追加しよう

集計用項目を追加する

　ここでも図5（P44）を例として使いますが、たとえば、単価が5,000円未満の商品を「その他低価格商品」としてひとくくりにして、**新たな商品項目として追加**することもできます。「グループ化」とよく似ていますが、新規につくられる「その他低価格商品」という項目が、各商品と同列の集計項目として作成できる点で異なります。

　P76でもご説明したとおり、詳細はダブルクリックするとわかります。すると、単価が5,000円未満の商品は「カーテン」と「収納ケース」ですので、この2商品の購入金額の合計額を「その他低価格商品」として新規に作成してみましょう。

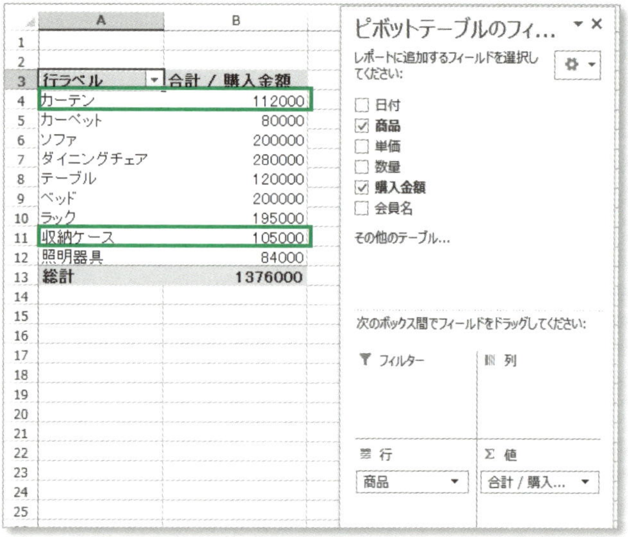

図5

手順1 「商品」のセルをどこでもいいので選択し、[ピボットテーブルツール] → [分析] タブ→ [フィールド/アイテム/セット] → [集計アイテム] をクリックします（図43）。

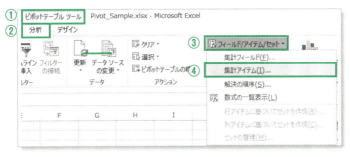

図43

手順2 ["商品"への集計アイテムの挿入] ダイアログが表示されるので、「名前」欄に「その他低価格商品」、「数式」欄に「=カーテン+収納ケース」と入力して [OK] をクリックしてください（数式の入力には、[アイテムの挿入] ボタンを利用してください）。

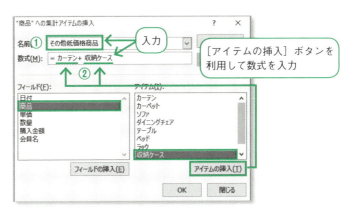

図44

次の図45のように、ピボットテーブル上に「その他低価格商品」という項目が追加されれば完成です。

	A	B
1		
2		
3	行ラベル ▼	合計 / 購入金額
4	カーテン	112000
5	カーペット	80000
6	ソファ	200000
7	ダイニングチェア	280000
8	テーブル	120000
9	ベッド	200000
10	ラック	195000
11	収納ケース	105000
12	照明器具	84000
13	その他低価格商品	217000
14	総計	1593000

図45

　ここで一つ注意したいことがあります。新項目も他の商品と同列に追加されるので、**総計の金額は、カーテンと収納ケースが重複して足し算されています**。これを回避するため、A3セル「行ラベル」の右側の［▼］をクリックし、ドロップダウンリストから「カーテン」と「収納ケース」のチェックを外して［OK］をクリックしておいてください（図46）。

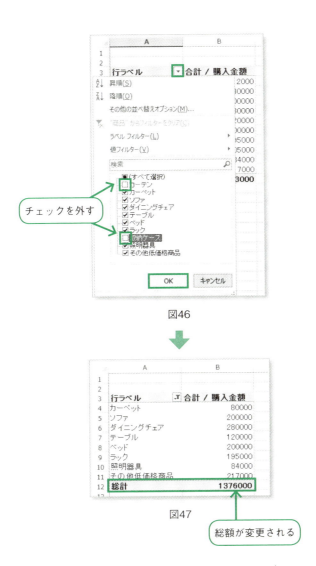

図46

図47

ピボットテーブル内に新しく計算式を追加する方法とは？

続けて、ピボットテーブルに新たな計算式を追加する方法について解説します。図47の「購入金額」の右隣の列に、予算に対する達成率を追加してみましょう。

各商品項目について、この10日間でそれぞれ、150,000円ずつの売上予算が設定されていたと仮定します。それに対しての達成率は、たとえばカーペットであれば売上実績が80,000円なので、80,000／150,000＝53.3％、ソファであれば、200,000／150,000＝133.3％と計算されます。

それでは、さっそく「予算達成率」の列を新規に追加してみましょう。

手順1 ピボットテーブル内の任意のセルを選択して、［ピボットテーブルツール］→［分析］タブ→［フィールド／アイテム／セット］→［集計フィールド］をクリックします（図48）。

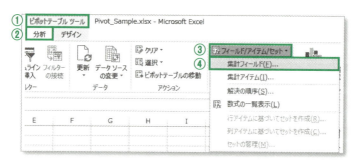

図48

手順2 ［集計フィールドの挿入］ダイアログが表示されるので、「**名前**」欄に「**予算達成率**」、「**数式**」欄に「**＝購入金額/150000**」と入力して［OK］ボタンをクリックしてください（数式の入力には、［フィールドの挿入］ボタンを利用してください）。

図49

すると図50のように、ピボットテーブル上に「合計／予算達成率」という新規に作成した計算式の集計が追加されます。

　この集計項目は「率」なので、小数点以下1桁のパーセンテージ表示にします。［ピボットテーブルのフィールド］内の［合計／予算達成率］の右側にある［▼］をクリックして［値フィールドの設定］を選択してください。

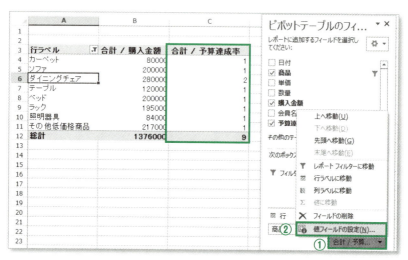

図50

［値フィールドの設定］ダイアログで［表示形式］をクリックし、［セルの書式設定］ダイアログを表示します。

［分類］で「パーセンテージ」を選択し、［小数点以下の桁数］を「1」として［OK］をクリックしたら、［値フィールドの設定］ダイアログに戻るので［OK］をクリックしてください。

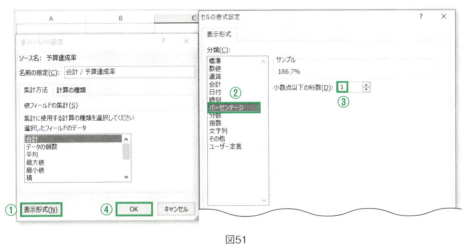

図51

次の図52のように、「合計／予算達成率」の列が、小数点以下1桁のパーセンテージ表示になれば完成です。

図52

「テーブル」機能を適用すれば、いちいち反映する手間もなし

　ピボットテーブルはそのもととなるデータの一覧表と連動しているので、元表の項目を増やしたとしても、ピボットテーブルに反映しなければいけません。
　しかし、前章でご説明した通り、元表の項目を増やすと設定したピボットテーブルの範囲が変わってしまうため、［ピボットテーブルツール］→［分析］タブ→［データソースの変更］から、参照範囲を再設定しなければ自動では反映してくれません。

　しかし、この参照範囲の変更作業が、元表に「テーブル」機能を適用しておくことで不要となります。
「テーブル」とは、あらかじめ「この範囲をデータベースとして使用します」という設定をしておくことで、データの入力や集計を容易にできる機能です。

　テーブルの設定は簡単で、表内の任意のセルを選択し、［ホーム］タブ→［テーブルとして書式設定］から適当なスタイルを選択し、選択範囲を確認して［OK］をクリックするだけです。

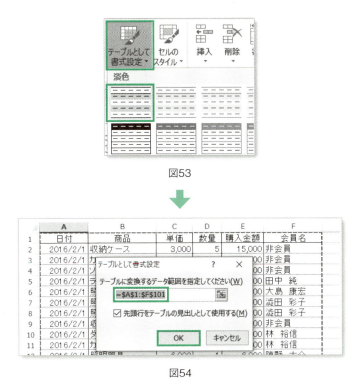

図53

図54

スタイルが不要な場合は、[テーブルツール] → [デザイン] タブから [なし] を選択すれば、今までの書式がそのまま維持されます。

図55

また、テーブルを解除したい場合には、［テーブルツール］→［デザイン］タブ→［範囲に変換］ボタンをクリックすればOKです。

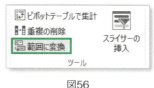

図56

　テーブルを設定しておくと、最終行や最終列の次の行・列にデータを入力した際、自動的にテーブルの範囲が拡張され、書式も適用されます。元データとなる表に、この**テーブル設定をしておけば、行や列が追加されても、［ピボットテーブルツール］→［分析］タブ→［更新］をクリックするだけで、追加データがピボットテーブルにも反映されるようになる**のでオススメです。

　以上、この章では、実務においてピボットテーブルを自在に操るために押さえてきたい分析方法3つ（並べ替え・グループ化・絞り込み）と、条件の変更方法2つ（計算の種類と集計方法の変更・項目の追加方法）についてご説明しました。
　この5つの機能が、ピボットテーブルの「5大機能」です。
　これらを状況に応じて使いこなせるようになれば、もうピボットテーブルはマスターしたも同然です。次の章では、より実務に近いサンプルを通して、実際にピボットテーブルの5大機能の一部または全部を活用して集計・分析していきます。

第3章のまとめ

- ピボットテーブルは、「3つの分析方法」(並べ替え・グループ化・絞り込み)と、「2つの条件変更方法」(計算の種類と集計方法の変更・項目の追加方法)を知っておくと使いこなせる。
- [ピボットテーブルツール] → [分析] タブ内のボタンからの操作が基本となる。
- 元表に「テーブル」機能を適用しておくと、元表の項目を増やしたとしてもピボットテーブルの参照範囲として認識してくれるので、参照範囲の変更作業をしなくてもすむ。

第4章

ピボットテーブルを実務に役立てよう

1 大切なのは応用すること、練習問題をこなして知識をスキルに変えよう

集計・分析業務を行う

　ここからは、いよいよピボットテーブルを使って集計・分析業務を行います。わかりやすく順を追って進められるように、実務でありそうなケースを例題として2つ用意しました。それらを一緒に解いていく形で進めていきましょう。

例題1　ピボットグラフを利用して視覚的にデータの推移を確認する

　次の図57は、ある会社の大阪と名古屋の営業所における、担当得意先・担当者ごとの売上をまとめたデータです。

	A	B	C	D	E	F	G	H	I
1	月	営業所	No	名前	年齢	性別	役職	売上	担当得意先
2	1月	大阪	015	山田 一郎	37	男	マネジャー	750,000	佐藤商店
3	1月	大阪	021	藤原 淳也	20	男	メンバー	250,000	伊藤商店
4	1月	大阪	026	山口 勉	27	男	マネジャー	830,000	渡辺商店
5	1月	大阪	034	真壁 文子	32	女	メンバー	300,000	エービー無線
6	1月	大阪	036	飯田 康雪	40	男	メンバー	660,000	CBA電器
7	1月	大阪	037	八木 康	25	男	メンバー	290,000	佐藤商店
8	1月	大阪	052	猪瀬 千恵	19	女	メンバー	105,000	伊藤商店
9	1月	大阪	055	蜷野 恵美子	35	女	リーダー	708,000	エービー無線

図57　ダウンロード　[Sheet2]

Q1 「営業所・担当得意先ごとの月別の売上」をピボットテーブルで集計して、桁区切りで数値を見やすくしてください。

Q2 ピボットテーブルのデザインを「表形式」にし、営業所ごとの小計は省略してください。その後、フィルターを用いて営業所ごとにデータを絞り込めるようにしてください。

Q3 Q2の情報を、営業所ごとに1枚のシートにまとめてください。

Q4 Q3でできた大阪営業所のシートを用いて、大阪営業所の担当得意先について、月別のピボットグラフを作成してください。売上が伸び悩んでいるのは、どの得意先でしょうか？

Q5 ピボットグラフ上でQ4の得意先のみに絞り込み、その担当者別の売上推移を折れ線グラフで表示してください。売上が伸び悩んでいるのは、どの担当者でしょうか？

Q1 解答

「営業所・担当得意先ごとの月別の売上」をピボットテーブルで集計して、桁区切りで数値を見やすくしてください。

まずは、営業所・担当得意先ごとの月別の売上をまとめればよいので、ピボットテーブルを挿入し、[営業所]と[担当得意先]と[売上]にチェックを入れるところから始めればいいですね。

では、次の手順で進めてください。

手順1 表内のセルをどこか選択して、**[挿入]タブ→[ピボットテーブル]をクリック**すればいいのですが、[おすすめピボットテーブル]という新しい機能を使ってもピボットテーブルを作成できます。

ここではこちらを使ってみましょう。[挿入]タブ→[おすすめピボットテーブル]をクリックしてください。

図58

手順2 ［おすすめピボットテーブル］ダイアログが表示されるので、左から今回作成したい集計方法に最も近いピボットテーブルのイメージを確認して選択し、［OK］をクリックしてください。今回は、［合計/売上（集計元：性別(＋)および月)］を選択します。

図59

手順3 おすすめピボットテーブルで自動的に作成されたものは、［ピボットテーブルのフィールド］内の行領域が［性別］・［名前］となっています（図60）。

ただし、ここを［営業所］・［担当得意先］に変更したいので、［性別］と［名前］のチェックを外して［営業所］・［担当得意先］にチェックを入れてください。

図60

手順4 図61のようなピボットテーブルができたら、今度は売上の数字に桁区切りのカンマを入れます。［ピボットテーブルのフィールド］内の［合計／売上］の右側にある［▼］をクリックして［値フィールドの設定］を選択してください。

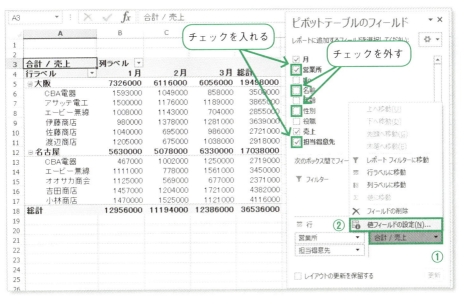

図61

手順5 ［値フィールドの設定］ダイアログで［表示形式］をクリックし、［セルの書式設定］ダイアログを表示します。

［分類］で「数値」を選択し、［桁区切り(,)を使用する］にチェックを入れて［OK］をクリックしたら、［値フィールドの設定］ダイアログに戻るので［OK］をクリックしてください。

図62

図63のようになりましたか。ここまでが、**Q1** の解答となります。

「おすすめピボットテーブル」を使えば、完成イメージを確認しながら、「あとはこことここだけを修正すればいいんだな」と先を考えてピボットテーブルを作成できるので安心感がありますね。

	A	B	C	D	E
1					
2					
3	合計 / 売上	列ラベル			
4	行ラベル	1月	2月	3月	総計
5	⊟大阪	7,326,000	6,116,000	6,056,000	19,498,000
6	CBA電器	1,593,000	1,049,000	858,000	3,500,000
7	アサッテ電工	1,500,000	1,176,000	1,189,000	3,865,000
8	エービー無線	1,008,000	1,143,000	704,000	2,855,000
9	伊藤商店	980,000	1,378,000	1,281,000	3,639,000
10	佐藤商店	1,040,000	695,000	986,000	2,721,000
11	渡辺商店	1,205,000	675,000	1,038,000	2,918,000
12	⊟名古屋	5,630,000	5,078,000	6,330,000	17,038,000
13	CBA電器	467,000	1,002,000	1,250,000	2,719,000
14	エービー無線	1,111,000	778,000	1,561,000	3,450,000
15	オオサカ商会	1,125,000	569,000	677,000	2,371,000
16	吉田商店	1,457,000	1,204,000	1,721,000	4,382,000
17	小林商店	1,470,000	1,525,000	1,121,000	4,116,000
18	総計	12,956,000	11,194,000	12,386,000	36,536,000

図63

> **Q2 解答**
>
> ピボットテーブルのデザインを「表形式」にし、担当得意先ごとの小計は省略してください。その後、フィルターを用いて営業所ごとにデータを絞り込めるようにしてください。

「フィルター」領域を利用したデータの絞り込みと、ピボットテーブルのデザイン変更の練習です。次の手順で進めてください。

手順1 ピボットテーブル内の任意のセルを選択し、[ピボットテーブルツール]→[デザイン]タブ→[レポートのレイアウト]→[表形式で表示]を選択してください。

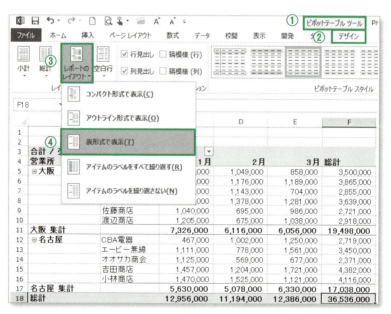

図64

手順2 そのまま、[ピボットテーブルツール]→[デザイン]タブ→[小計]→[小計を表示しない]を選択してください。「大阪 集計」と「名古屋 集計」の行がなくなればOKです。これでデザイン変更は完了です。

次は「絞り込み」に移りましょう。

図65

手順3 図65の［ピボットテーブルのフィールド］内の［営業所］を「行」の領域から「フィルター」の領域にドラッグ＆ドロップしてください。

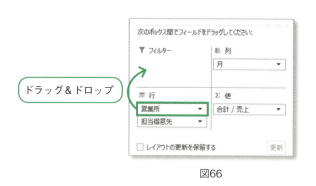

図66

次の図67のように、**A1セルに「営業所」、B1セルに「(すべて)」と表示されれば完成**です。B1セル「(すべて)」の右にある［▼］マークをクリックし、プルダウンリストから［大阪］を選択すると大阪営業所だけのデータを、［名古屋］を選択すると名古屋営業所だけのデータを絞り込んで表示させることができますので、試してみてください。

	A	B	C	D	E
1	営業所	(すべて) ▼			
2					
3	合計／売上	月 ▼			
4	担当得意先 ▼	1月	2月	3月	総計
5	CBA電器	2,060,000	2,051,000	2,108,000	6,219,000
6	アサッテ電工	1,500,000	1,176,000	1,189,000	3,865,000
7	エービー無線	2,119,000	1,921,000	2,265,000	6,305,000
8	オオサカ商会	1,125,000	569,000	677,000	2,371,000
9	伊藤商店	980,000	1,378,000	1,281,000	3,639,000
10	吉田商店	1,457,000	1,204,000	1,721,000	4,382,000
11	佐藤商店	1,040,000	695,000	986,000	2,721,000
12	小林商店	1,470,000	1,525,000	1,121,000	4,116,000
13	渡辺商店	1,205,000	675,000	1,038,000	2,918,000
14	総計	12,956,000	11,194,000	12,386,000	36,536,000

プルダウンリストから各営業所だけのデータを絞り込んで表示できる

図67

ここで、絞り込みに有効な機能「スライサー」について補足説明します。
「フィルター」の領域には複数の項目を設置することができ、それぞれで絞り込みをかけることができます。

　たとえば、［営業所］と［役職］を「フィルター」領域に置いて、大阪営業所のマネジャーとリーダーのデータだけを絞り込んで表示したいとします（図68）。

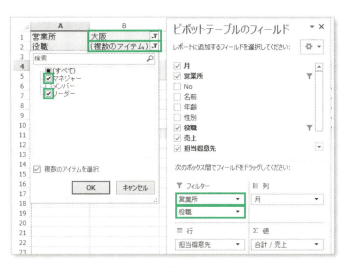

図68

　図69のように、「役職」のところ（B2セル）が「(複数のアイテム)」と表示されていますね。このようにフィルターを使って、少し複雑な絞り込みを行うと、あとで何で絞り込んだかわからなくなることがあります。

図69

そこで、「スライサー」を活用します。

[ピボットテーブルツール]→[分析]タブ→[スライサー]をクリックすると、[スライサーの挿入]ダイアログが出てきますので、[営業所]と[役職]にチェックを入れて[OK]ボタンをクリックしてください。

図70

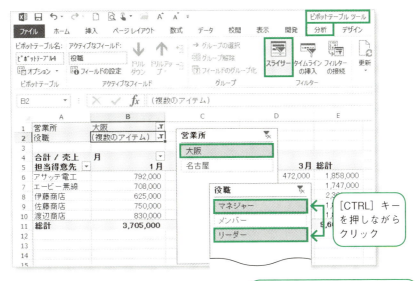

図71

figure71のように、[営業所]と[役職]の2枚のスライサーが現れ、「大阪」と「マネージャー」・「リーダー」がハイライトされています。現在、何で絞り込まれたピボットテーブルが表示されているかが一目でわかりますね。**複数の項目で絞り込む際には「スライサー」を活用したほうがわかりやすく、**ケアレスミスも減らすことができます。

Q3 解答

Q2の情報を、各営業所ごとに1枚のシートにまとめてください。

では、図67（P110）に戻って、担当得意先ごとの月別売上を、営業所ごとに1枚のシートにまとめてみましょう。

これは実は「フィルターオプション」という機能を使えば一瞬で完了します。次の手順で進めてください。

	A	B	C	D	E
1	営業所	(すべて)			
2					
3	合計 / 売上	月			
4	担当得意先	1月	2月	3月	総計
5	CBA電器	2,060,000	2,051,000	2,108,000	6,219,000
6	アサッテ電工	1,500,000	1,176,000	1,189,000	3,865,000
7	エービー無線	2,119,000	1,921,000	2,265,000	6,305,000
8	オオサカ商会	1,125,000	569,000	677,000	2,371,000
9	伊藤商店	980,000	1,378,000	1,281,000	3,639,000
10	吉田商店	1,457,000	1,204,000	1,721,000	4,382,000
11	佐藤商店	1,040,000	695,000	986,000	2,721,000
12	小林商店	1,470,000	1,525,000	1,121,000	4,116,000
13	渡辺商店	1,205,000	675,000	1,038,000	2,918,000
14	総計	12,956,000	11,194,000	12,386,000	36,536,000

図67

手順1 ピボットテーブル内の任意のセルを選択し、[ピボットテーブルツール] → [分析] タブ→ [オプション] → [レポートフィルターページの表示] を選択してください。

図72

手順2 [レポートフィルターページの表示] ダイアログが表示されるので、「営業所」を選択して [OK] ボタンをクリック。

図73

次の図74のように、「大阪」と「名古屋」という名称のシートが新しく作成されましたね。

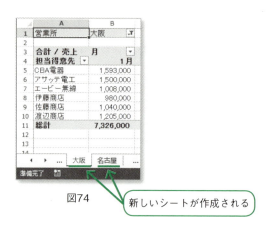

図74　新しいシートが作成される

　［レポートフィルターページの表示］を使うと、**任意の切り口でまとめたそれぞれのシートを一気に作成することができます**。これを活用すれば、部門ごとに売上データをまとめたり、個人ごとに営業成績をまとめたりすることも簡単にできるのです。

Q4 解答

Q3でできた「大阪営業所」のシートを用いて、大阪営業所の担当得意先について、月別のピボットグラフを作成してください。売上が伸び悩んでいるのは、どの得意先でしょうか？

「ピボットグラフ」とは、ピボットテーブルをもとに作成したグラフのことです。ピボットグラフはピボットテーブルと連動し、さまざまな項目を縦軸、横軸に入れ替えながら動的に変化を追うことができるのです。

今度は、大阪営業所の得意先ごとの売上を、月別にグラフで表示し、その推移を可視化します。次の手順で進めてください。

手順1 ［大阪］シートのピボットテーブル内の任意のセルを選択して、［ピボットテーブルツール］→［分析］タブ→［ピボットグラフ］をクリック。

図75

手順2 ［グラフの挿入］ダイアログで、左のメニューから［折れ線］を選択。上部のグラフイメージから「マーカー付き折れ線」を選択して［OK］ボタンをクリックしてください（図76参照）。

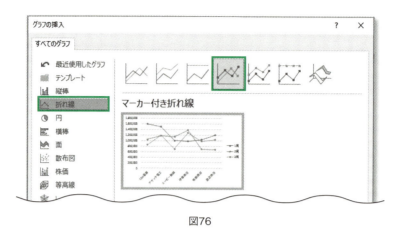

図76

次のようなグラフが表示されたと思います。このままでは、月ごとの推移が見づらいので、系列の行と列を入れ替えましょう。

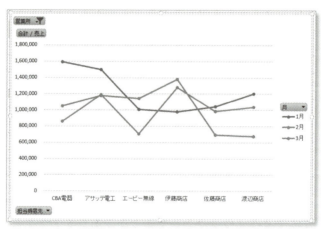

図77

手順3 ［ピボットテーブルツール］→［デザイン］タブ→［行/列の切り替え］をクリックしてください。

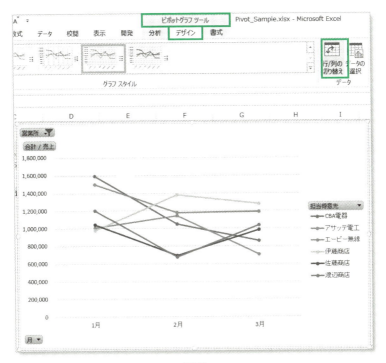

図78

こうなると、1～2月にかけて、2～3月にかけて、両方とも売上が落ちているのは、どの得意先か一目瞭然ですね。「売上が伸び悩んでいるのは、どの得意先でしょうか？」に対する解答は、「CBA電器」となります。

Q5 解答

ピボットグラフ上でQ4の得意先のみに絞り込み、その担当者別の売上推移を折れ線グラフで表示してください。売上が伸び悩んでいるのは、どの担当者でしょうか？

引き続き、得意先「CBA電器」の担当者別に売上推移を確認していきましょう。次の手順で進めてください。

手順1 図78のピボットグラフ内［担当得意先］フィルターのドロップダウンリストから［CBA電器］だけのチェックを残して［OK］ボタンをクリックしてください。

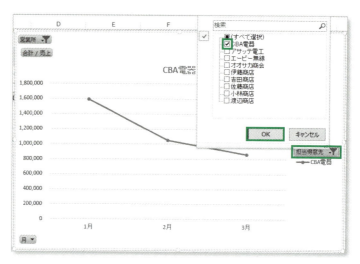

図79

手順2 ［ピボットグラフのフィールド］内の［名前］を「凡例（系列）」領域の［担当得意先］の下にドラッグ＆ドロップしてください。

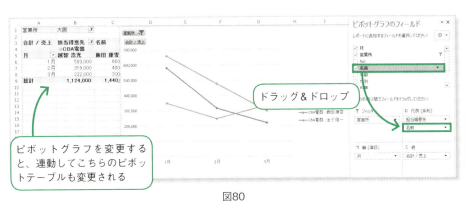

図80

　図80のようなグラフになりましたか。1〜2月にかけて、2〜3月にかけて、両方とも売上が落ちているのは、越智浩充さんと飯田康雪さんになります。お二人に状況を確認し、対策を検討したほうが良さそうですね。

　また、グラフのうしろに少しピボットテーブルの表が見えていますね。こちらに注目してください。ピボットグラフの系列の行と列を入れ替えたり、項目を変更したりすると、ピボットテーブルのほうも連動して自動的に表が変化します。ピボットテーブルのほうを変更しても、ピボットグラフにリアルタイムで反映されるため、お互いにデータを確認しながら分析を進めることができます。

例題2　ピボットテーブルを利用してABC分析

次の図81は、あるネットショップの販売金額と仕入金額のデータです。

	A	B	C	D
1	日付	カテゴリ	販売金額	仕入金額
2	2016/4/1	単行本	1,146	802
3	2016/4/1	電子部品	4,450	3,115
4	2016/4/1	パズル	9,280	10,208
5	2016/4/2	ゲーム	3280	2,296
6	2016/4/2	単行本	1500	750
7	2016/4/2	電子部品	3,360	2,016

図81　ダウンロード　[Sheet4]

Q1　カテゴリごとの販売金額をピボットテーブルで集計して、桁区切りで数値を見やすくし、かつ、大きい順（降順）に並べ替えてください。

Q2　販売金額の右隣の列に「比率の累計」を計算し、ABC分析を行ってください。累計で80%以上になる「A」カテゴリは何個ありますか？

Q3　「比率の累計」を外し、「販売金額」から「仕入金額」を引いて「粗利」という項目を追加してください。

Q4　単行本・雑誌・漫画・問題集・絵本の5つを「本」という一つのカテゴリにグループ化してください。

Q5　「粗利」について、4/1 - 15を「前半」、4/16 - 30を「後半」として、横に「前半」「後半」「総計」を並べてください。

Q6　ピボットグラフ（折れ線グラフ）を作成し、4月前半と後半の粗利の推移を確認してください。明らかに粗利が落ち込んでいるカテゴリは何でしょうか？

Q1 解答

カテゴリごとの販売金額をピボットテーブルで集計して、桁区切りで数値を見やすくし、かつ、大きい順（降順）に並べ替えてください。

まずは、カテゴリごとの販売金額をまとめればよいので、ピボットテーブルを挿入し、［カテゴリ］と［販売金額］にチェックを入れるところから始めればいいですね。では、次の手順で進めてください。

手順1 表内のセルをどこか選択して、［挿入］タブ→［ピボットテーブル］をクリックしてください。

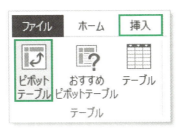

図82

手順2 ［ピボットテーブルの作成］ダイアログが表示されるので、選択範囲を確認して（点線で囲まれます）、［OK］をクリック。

図83

手順3 ［ピボットテーブルのフィールド］内の［カテゴリ］、［販売金額］に**チェックを入れてください**。カテゴリごとの販売金額が集計されます。続いて、桁区切りを設定します。

図84

手順4 ［ピボットテーブルのフィールド］内の［合計／販売金額］の右側にある［▼］をクリックして［値フィールドの設定］を選択してください。

図85

手順5 ［値フィールドの設定］ダイアログで［表示形式］をクリックし、［セルの書式設定］ダイアログを表示。［分類］で「数値」を選択し、［桁区切り(,)を使用する］にチェックを入れて［OK］をクリックしたら、［値フィールドの設定］ダイアログに戻るので［OK］をクリックしてください。

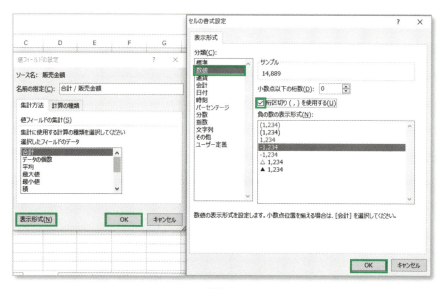

図86

販売金額に桁区切りが設定され、数字が見やすくなりましたね。引き続き、この販売金額を大きい順（降順）に並べ替えます。

	A	B
1		
2		
3	行ラベル	合計 / 販売金額
4	CD	14,889
5	DVD	13,730
6	おもちゃ	117,330
7	キッチン用品	550
8	ゲーム	318,527
9	ゲーム周辺機器	16,463
10	スポーツ	3,010
11	パズル	15,453
12	ビデオ	572
13	ファッション	3,780
14	フィギュア	11,127
15	ブルーレイ	12,945
16	ペット用品	30,750
17	家電	8,047
18	絵本	394
19	雑誌	5,773
20	単行本	36,373
21	電子部品	143,630
22	漫画	2,670
23	問題集	1,423
24	総計	757,436

図87

手順6 「行ラベル」の右側にある［▼］をクリックして［その他の並べ替えオプション］を選択してください。

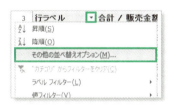

図88

手順7 ［降順］にチェック印を入れ、ドロップダウンリストから［合計／販売金額］を選択して［OK］をクリックしてください。

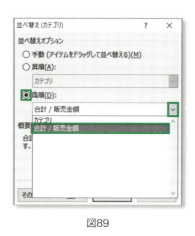

図89

これで、図90のように、販売金額が大きい順に並べ替えることができました。ここまでが、**Q1**の解答となります。

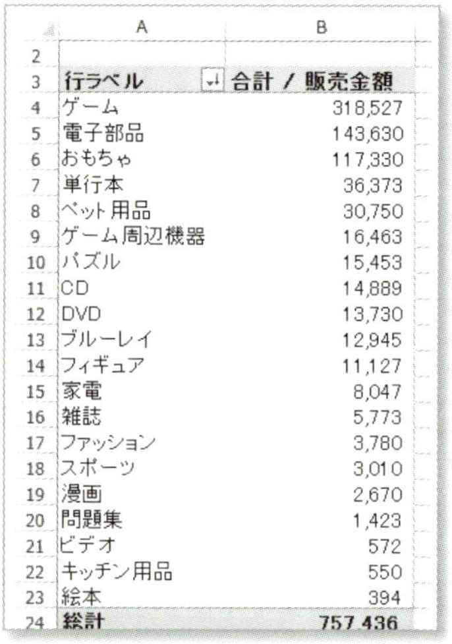

	A	B
2		
3	**行ラベル**	**合計 / 販売金額**
4	ゲーム	318,527
5	電子部品	143,630
6	おもちゃ	117,330
7	単行本	36,373
8	ペット用品	30,750
9	ゲーム周辺機器	16,463
10	パズル	15,453
11	CD	14,889
12	DVD	13,730
13	ブルーレイ	12,945
14	フィギュア	11,127
15	家電	8,047
16	雑誌	5,773
17	ファッション	3,780
18	スポーツ	3,010
19	漫画	2,670
20	問題集	1,423
21	ビデオ	572
22	キッチン用品	550
23	絵本	394
24	**総計**	**757,436**

図90

Q2 解答

販売金額の右隣の列に「比率の累計」を計算し、ABC分析を行ってください。累計で80%以上になる「A」カテゴリは何個ありますか？

「ABC分析」というのは、大事なものから順番に「A」、「B」、「C」とカテゴリ分けして重要度別に管理方法を検討していく分析手法です。ここでは、販売金額の全体に占める割合が累計で80%以上になるカテゴリを「A」カテゴリ（最も影響力の大きい重要なカテゴリ）として切り分けます。

まずは、図90の「合計／販売金額」の右隣の列に「比率の累計」を計算します。これは、販売金額の計算の種類を変更したものですので、隣の列にもう一つ同じ「販売金額」を持ってくるところから始めましょう。

手順1 ［ピボットテーブルのフィールド］内の［販売金額］を、「値」の領域、［合計／販売金額］の下にドラッグ＆ドロップしてください。［合計／販売金額2］が縦に並びますね。ピボットテーブルでは、「合計／販売金額」の右隣に「合計／販売金額2」が表示され、同じデータが並列に並びます。

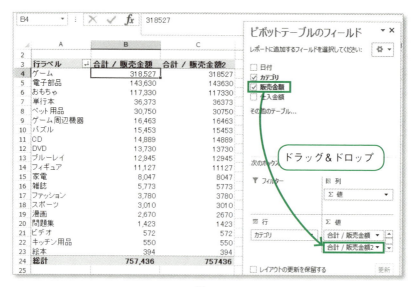

図91

　この「販売金額2」のほうについて、計算の種類を変更して「累計の比率」の表示に変えます。

手順2 ［ピボットテーブルのフィールド］内の［合計／販売金額2］の右側にある［▼］をクリックして［値フィールドの設定］を選択し、［値フィールドの設定］ダイアログで［計算の種類］タブをクリック。ドロップダウンリストから［比率の累計］を選択して［OK］をクリックしてください。

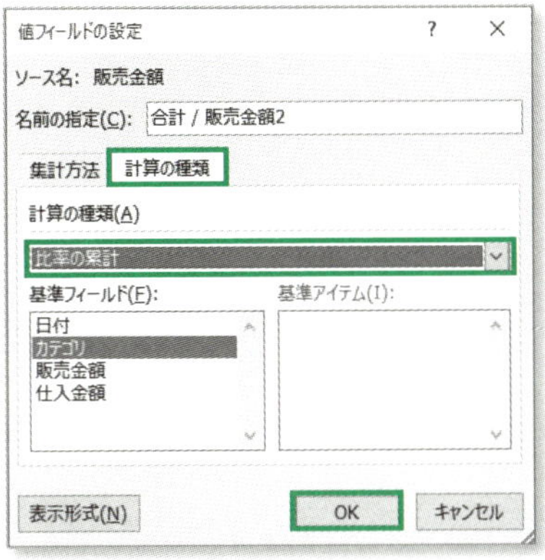

図92

　これで、販売金額の右隣の列に「比率の累計」を計算することができました。累計で80％以上になるのは、上から、範囲指定した「単行本」までですね。

　ですので、「Ａカテゴリは何個ありますか？」という問いに対しての解答は、「ゲーム」、「電子部品」、「おもちゃ」、「単行本」の４つということになります。
　Ａカテゴリの数は全体の約20％程度になるといわれています。 この例では、20個のカテゴリがある中で、上位20％の４個が全体の売上の80％を占めています。これを「２：８の法則」とか「パレートの法則」といいます。

図93

Q2としての解答は以上になりますが、ここで少し補足です。次の手順でピボットグラフを作成してみてください。

手順3 ピボットテーブル内の任意のセルを選択して、［ピボットテーブルツール］→［分析］タブ→［ピボットグラフ］をクリック。

図94

手順4 ［グラフの挿入］ダイアログで、左のメニューから［組み合わせ］を選択。「系列名」の「合計／販売額2」の「グラフの種類」を「折れ線」にして、「第2軸」のチェックボックスにチェックを入れて［OK］をクリックしてください。

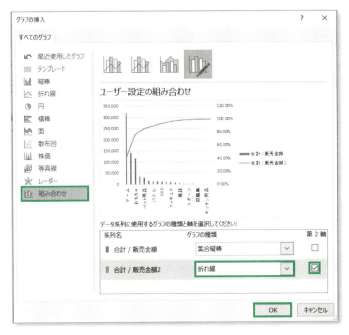

図95

図96のようなピボットグラフが作成できたでしょうか。このグラフを「パレート図」といいます。ABC分析の表を視覚化したものですが、構成比が一目でわかるようになりましたね。

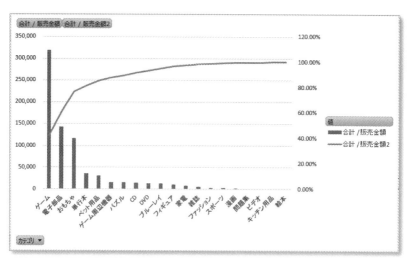

図96

> **Q3 解答**
> 「比率の累計」を外し、「販売金額」から「仕入金額」を引いて「粗利」という項目を追加してください。

図93で、C列に「比率の累計」を出しましたが、これを外して、その代わりに「粗利」という項目をつくって追加しましょう。

手順1 ［ピボットテーブルのフィールド］内の［合計／販売金額2］を、枠外にドラッグ＆ドロップしてください。カーソルの形が「×」印に変わります。

これで、C列の「比率の累計」が外れます。

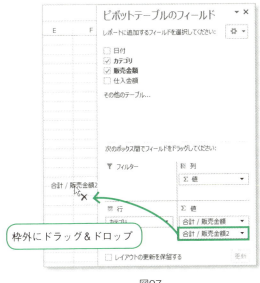

図97

手順2 「粗利」の項目を新規に作るために、［ピボットテーブルツール］→［分析］タブ→［フィールド／アイテム／セット］→［集計フィールド］を選択してください。

図98

手順3 「粗利」は、販売金額から仕入金額を引き算すれば算出できますので、［集計フィールドの挿入］ダイアログで、「**名前**」欄に「粗利」、「**数式**」欄に「＝販売金額－仕入金額」と入力して［OK］をクリックしてください（数式の入力には、［フィールドの挿入］ボタンを利用してください）。

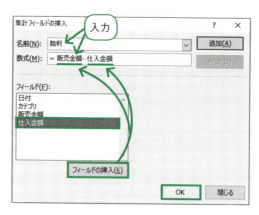

図99

「粗利」の列がC列に新たに出てきたと思います。Q3としての解答は以上になりますが、「粗利」にも桁区切りを適用しておきましょう。手順はもうよろしいでしょうか。

［ピボットテーブルのフィールド］内の［合計／粗利］の右側にある［▼］をクリックして［値フィールドの設定］を選択。［値フィールドの設定］ダイアログで［表示形式］をクリックし、［セルの書式設定］ダイアログを表示します。

［分類］で「数値」を選択し、［桁区切り(,)を使用する］にチェックを入れて［OK］をクリックしたら、［値フィールドの設定］ダイアログに戻るので［OK］をクリックします。

以上、次の図100のようになっていれば完了です。

行ラベル	合計 / 販売金額	合計 / 粗利
ゲーム	318,527	131,914
電子部品	143,630	45,259
おもちゃ	117,330	28,878
単行本	36,373	12,298
ペット用品	30,750	11,531
ゲーム周辺機器	16,463	387
パズル	15,453	1,541
CD	14,889	5,019
DVD	13,730	4,118
ブルーレイ	12,945	2,888
フィギュア	11,127	3,634
家電	8,047	1,609
雑誌	5,773	1,637
ファッション	3,780	1,610
スポーツ	3,010	1,053
漫画	2,670	1,012
問題集	1,423	401
ビデオ	572	286
キッチン用品	550	55
絵本	394	158
総計	757,436	255,288

図100

Q4 解答

単行本・雑誌・漫画・問題集・絵本の5つを「本」という一つのカテゴリにグループ化してください。

次は「グループ化」の練習です。前図100を使ってさっそくやってみましょう。

手順1 図100の、A7セル「単行本」、A16セル「雑誌」、A19セル「漫画」、A20セル「問題集」、A23セル「絵本」をすべて選択し、[ピボットテーブルツール]→[分析]タブ→[グループの選択]をクリックしてください。

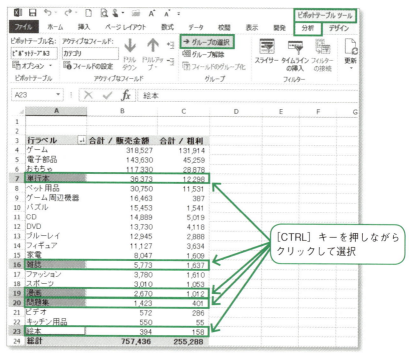

図101

手順2 「グループ1」という大きなくくりが現れたら、A32セル「グループ1」の表記部分を「本」と上書き入力してください。

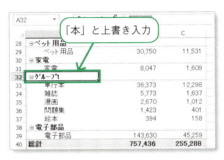

図102

手順3 これで新しく「カテゴリ2」という項目ができましたので、[ピボットテーブルのフィールド] 内の [カテゴリ] のチェックを外して [カテゴリ2] のみで集計すると、グループ化された「本」というくくりで集計されたピボットテーブルが完成されます。以上、次の図103のようになっていれば完了です。

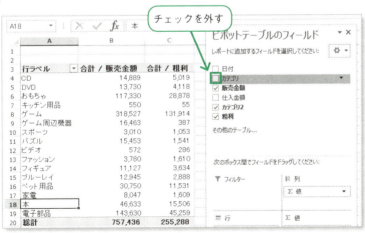

図103

> **Q5 解答**
> 「粗利」について、4/1 – 15を「前半」、4/16 – 30を「後半」として、横に「前半」「後半」「総計」を並べてください。

次も同じ「グループ化」の練習ですが、今度は日付のグループ化になります。図103の［販売金額］を外して［粗利］のみの集計とし、横に［日付］を持ってきて、それをグループ化する手順となりますね。

手順1 図103（P139）の［ピボットテーブルのフィールド］内の［販売金額］のチェックを外して［日付］にチェックを入れます。

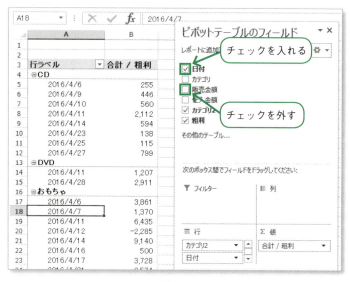

図104

手順2 ［日付］が「行」の領域に自動で入るので、「列」の領域にドラッグ＆ドロップしてください。

図105

手順3 日付のセルをどこか選択し（ここではB4セルを選択）、［ピボットテーブルツール］→［分析］タブ→［グループの選択］をクリックしてください。

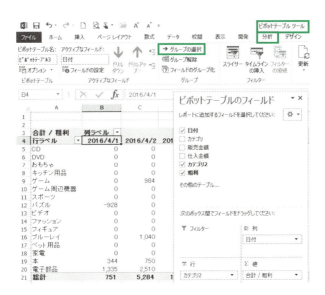

図106

手順4 ［グループ化］ダイアログが表示されるので、「単位」に［日］を選択して、「日数」欄を「15」としてください。

図107

手順5 B4セルとC4セルの日付を、それぞれ「前半」、「後半」と上書き入力してください。

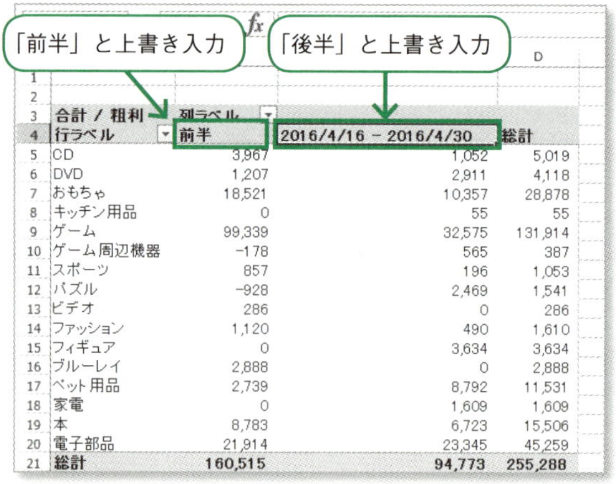

図108

以上、次の図109のようになれば完成です。

	A	B	C	D
1				
2				
3	合計 / 粗利	列ラベル		
4	行ラベル	前半	後半	総計
5	CD	3,967	1,052	5,019
6	DVD	1,207	2,911	4,118
7	おもちゃ	18,521	10,357	28,878
8	キッチン用品	0	55	55
9	ゲーム	99,339	32,575	131,914
10	ゲーム周辺機器	-178	565	387
11	スポーツ	857	196	1,053
12	パズル	-928	2,469	1,541
13	ビデオ	286	0	286
14	ファッション	1,120	490	1,610
15	フィギュア	0	3,634	3,634
16	ブルーレイ	2,888	0	2,888
17	ペット用品	2,739	8,792	11,531
18	家電	0	1,609	1,609
19	本	8,783	6,723	15,506
20	電子部品	21,914	23,345	45,259
21	総計	160,515	94,773	255,288

図109

> **Q6 解答**
>
> ピボットグラフ（折れ線グラフ）を作成し、4月前半と後半の粗利の推移を確認してください。あきらかに粗利が落ち込んでいるカテゴリは何でしょうか？

前図109から折れ線グラフを作成して、4月前半と後半の粗利の推移を可視化するところから始めましょう。

手順1 図109のピボットテーブル内の任意のセルを選択して、［ピボットテーブルツール］→［分析］タブ→［ピボットグラフ］をクリック。

図94

手順2 ［グラフの挿入］ダイアログで、左のメニューから［折れ線］を選択。グラフの種類を「マーカー付き折れ線」にして［OK］ボタンをクリックしてください。

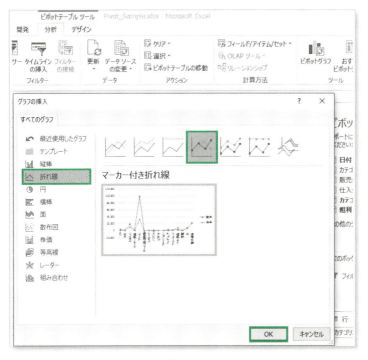

図110

手順3 図111のままだと、カテゴリごとの粗利推移は少し見づらいので、系列の行と列を入れ替えます。[ピボットテーブルツール]→[デザイン]タブ→[行/列の切り替え]をクリックしてください。

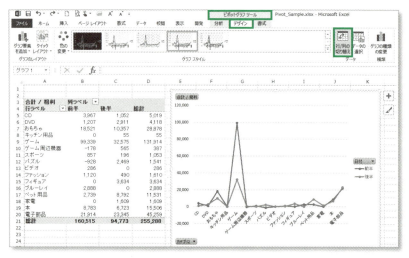

図111

次の図112のようなグラフになりましたか。こちらの方が「前半」と「後半」の粗利の推移がわかりやすいですよね。

「あきらかに粗利が落ち込んでいるカテゴリは何でしょうか？」という問いに対する解答は、一番上の線「ゲーム」ということになりますね。

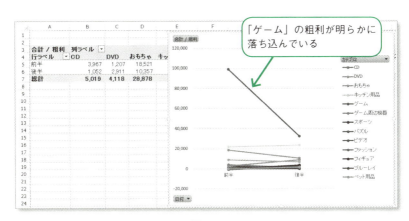

図112

以上、例題2の解答がすべて出そろいました。

2つの例題を通して、ピボットテーブルを実務でどのように活用できるのか、理解を深めていただくことができましたでしょうか。今度はあなたの実際の業務で考えてみてくださいね。

本書で取り上げたピボットテーブルの機能を一通り習得していただければ、「ピボットテーブルはできる」と自信を持って言っていただいても大丈夫です。

本書に、ピボットテーブルの機能を一覧表にまとめたものを付けておきました。こちらは私のセミナーをご受講いただいた方にしかお渡ししていませんでしたが、今回特別に本書をお読みいただいた方にもプレゼントさせていただきます。セミナー受講生にも大好評でしたので、ぜひデスクに置いて参照しながらピボットテーブルをフル活用してください。

第4章のまとめ

- ▶「おすすめピボットテーブル」を使うと、完成後のイメージを確認しながら作表できる。ピボットグラフの作成時も同様。
- ▶ 少し複雑な絞り込みを行うときは、「スライサー」を活用すると何で絞り込んだのかが明確になる。
- ▶［レポートフィルターページの表示］を使うと、一瞬にして任意の切り口でまとめたそれぞれのシートを一気に作成することが可能。
- ▶「ピボットテーブル」と「ピボットグラフ」を相互に使いながら分析を進めるとデータが可視化できるのでわかりやすい。

第 5 章

その他の
［編集］テクニックを使って、
ムダな時間をなくそう

1 5分、10分を短縮して全体の作業時間を少なくする

仕事が速い人はピボットテーブル以外の時短ワザも使っている

　ここまで「編集」作業と「書式設定」作業を同時に効率化できるピボットテーブルの活用法について解説してきました。

　ここまでお読みいただければ、「ピボットテーブルだけでも十分時短ができるじゃないか」とお思いの方は多いでしょう。ですが、ピボットだけではまだまだ不十分です。

　動画のように項目を入れ替えてパパッと分析できるようになったとしても、静止画状態の表でデータを検索したり修正したりするのに時間がかかっていては元も子もありませんね。むしろ、残業しない人たちはそれ以外のテクニックも上手に活用して、作業をどんどん有利に進めています。

　そこで第5章からは、ピボットテーブル以外の［編集］と［書式設定］に関する時短ワザを紹介します。これらをマスターして、最も時間のかかるプロセスを効率化し、残業をなくしましょう。

　まずは、［編集］の時短ワザについて解説していきます。

表記の揺れを一瞬で解決、「置換機能」でムダとミスをなくす

　データの検索・抽出・並べ替えは、ピボットテーブルの分析でフル活用しましたが、**数値や文字を修正する作業も**Excel**業務にはつきもの**です。特定の文字を検索して別の文字に修正するときには、一つひとつ探して修正していくより、置換機能を利用したほうが作業は効率的です。まずはこの「置換」についての時短テクニックを、具体例を通してご紹介していきます。

（1）「(株)」という文字をすべてのシートから検索し、「株式会社」に一括で置き換える

　通常、置換機能は、一つのシート上の特定の文字を、別の文字に置き換えるときに使用します。

　たとえば、一つのシート上に「(株)」と入力されている文字をすべて「株式会社」という文字に置き換えたいときには、［ホーム］タブ→［検索と選択］→［置換］から、「検索する文字列」に「(株)」、「置換後の文字列」に「株式会社」と入力して［すべて置換］をクリックすればできます。

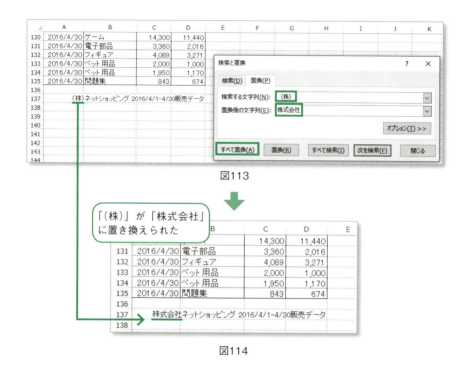

図113

図114

　ここで、[すべて置換] の前に、[オプション] をクリックすることにより、さまざまな条件付きの置換ができるようになります。

　たとえば、**一つのファイルにある複数のシート**すべてにおいて、「(株)」という文字を「株式会社」に置き換えたい場合には、このオプション機能を利用します。

　図113で、[オプション] をクリックし、[検索場所] に「ブック」を選択します。あとは同様に、「検索する文字列」に「(株)」、「置換後の文字列」に「株式会社」と入力して [すべて置換] をクリックします。

図115

　これで、ファイルにある複数のシートすべてにおいて、「(株)」という文字を「株式会社」に一気に置き換えることができます。

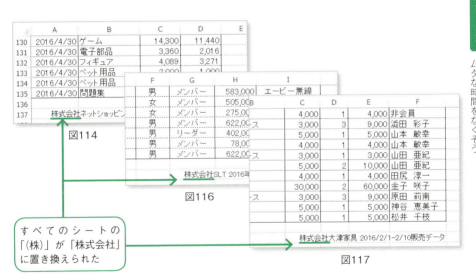

　置換機能の「検索する文字列」と「置換後の文字列」には「**空白（スペース）**」や「**何も入力されていない状態（NULL値）**」を入れることも可能です。

たとえば、「〇人」「〇個」「〇件」など、単位が入力されているセルの、**単位の部分だけを消去して数値データに一括変換したい場合は、図118のように、「検索する文字列」に単位（ここでは「個」）を、「置換後の文字列」には何も入力しないで置換機能を用いればOK**です。

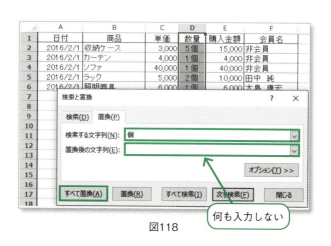

図118

この方法を使えば、たとえば、**余分な半角スペースが紛れていて取り除きたい場合や、営業先のリストを作成していて表記がバラバラ、あるいは同僚からExcelデータを引き継いだが表記がバラバラ**、という「表記の揺れ」があっても時間をムダにせず、修正できます。

また、このオプション機能を活用すれば、次の（2）のように「書式設定」のテクニックにも応用できます。

（2）指定した部分だけ一括で赤色の太字斜体に変更する

たとえば、下記図119のタイトル部分は、少し色の付いたセルに黒い文字で項目が入力されていますが、これを赤色の太字斜体文字に一気に置き換えるなど、書式だけを指定して置き換えることも可能です。

次の手順で一緒にやってみましょう。

	A	B	C	D	E	F
1	日付	商品	単価	数量	購入金額	会員名
2	2016/2/1	収納ケース	3,000	5	15,000	非会員
3	2016/2/1	カーテン	4,000	1	4,000	非会員
4	2016/2/1	ソファ	40,000	1	40,000	非会員
5	2016/2/1	ラック	5,000	2	10,000	田中　純
6	2016/2/1	照明器具	6,000	1	6,000	大島　康宏
7	2016/2/1	照明器具	6,000	2	12,000	澁田　彩子
8	2016/2/1	照明器具	6,000	1	6,000	澁田　彩子
9	2016/2/1	収納ケース	3,000	3	9,000	非会員
10	2016/2/1	ダイニングチェア	20,000	1	20,000	林　裕信
11	2016/2/1	カーテン	4,000	1	4,000	林　裕信
12	2016/2/1	照明器具	6,000	1	6,000	陣野　大介
13	2016/2/1	カーテン	4,000	3	12,000	冬木　雪子
14	2016/2/1	カーテン	4,000	2	8,000	松居　宏人
15	2016/2/1	カーテン	4,000	1	4,000	高山　健一
16	2016/2/1	ラック	5,000	1	5,000	南　隆真
	2016/2/[illegible]	[illegible]	[illegible]	2	[illegible]	[illegible]

図119

手順1 ［ホーム］タブ→［検索と選択］→［置換］→［オプション］の順にクリックし、［検索する文字列］の右端にある［書式］の［▼］から［セルから書式を選択］を選択してください。こうすることで、どのセルの書式を［検索する文字列］の書式とするかをワークシート上から指定することができます。

図120

手順2 マウスポインターがスポイトのような形に変化しますので、そのままA1セルをクリックしてください。[書式セットなし]と表記されていた箇所に、黒い文字で「プレビュー＊」と入ったことを確認してください。

図121

手順3 次は［置換後の文字列］の右端にある［書式］をクリックしてください。［書式の変換］ダイアログボックスが表示されたら、［フォント］タブ内の［スタイル］を「太字 斜体」、［色］を「赤」にして［OK］をクリックしてください。

図122

手順4 次のようになっていることを確認し、［すべて置換］をクリックします。

図123

これで、タイトル部分の書式が、指定した書式（赤色の太字 斜体文字）に一気に変更されます。

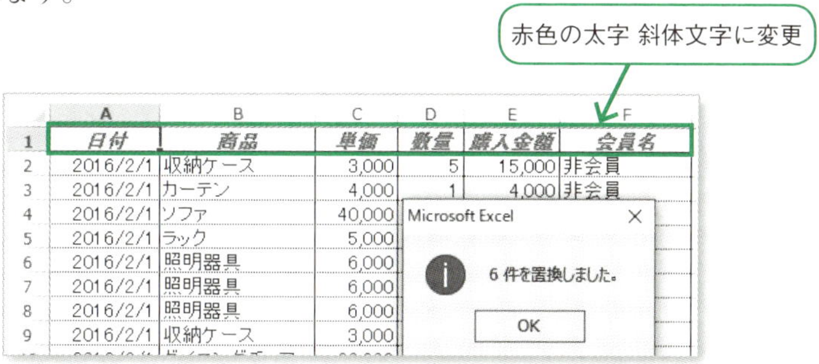

図124

この機能のポイントは、一斉置換にあります。

たとえば、大量の営業店舗の売上リストを作成していて、まだ目標数値が未達の店舗だけ名称を太字斜体で入力していたけれども、やっぱりもう少し目立つ、赤色の少し大きな文字に変更したい、という場合に一つひとつ手入力で修正することなく、一瞬で変更できます。

（3）売上金額が「平均以上のデータのみ」を抽出する

今度はデータの抽出機能です。ピボットテーブルでデータ抽出方法としてご紹介した「フィルター」機能は、通常のワークシート上では**「オートフィルター」**という名称で利用できます。

たとえば、売上金額が平均以上のデータのみを抽出したい場合は、まず**表内の任意のセルを選択し、[データ]タブ→[フィルター]をクリック**します。次に、**F1セル「売上」項目の右の「▼」をクリックし、[数値フィルター]→[平均より上]を選択**するだけで抽出できます（図127）。

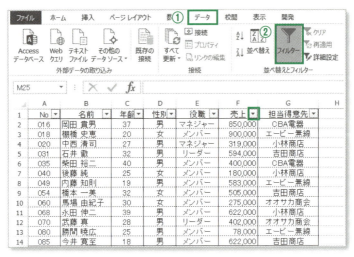

図125　ダウンロード　[Sheet5]

図126

図127

　図126を見ていただければわかるように、数値フィルターでは、あらかじめ用意されている「平均より上」「平均より下」など、その他さまざまな条件に合ったデータを抽出することができます。

　同じように、文字（テキスト）データの抽出も簡単にできます。

次の図128を見ていただきたいのですが、たとえば、「担当得意先」の検索をしたい場合は、**テキストフィルターを用いて、「商店」という文字を含む名前の得意先だけ抽出したり、「オ」という文字から始まる得意先だけを抽出したりすることが可能です。**

図128

このように**オートフィルターは、大量のデータの中から指定した条件に合致するデータを抽出するのに非常に便利な機能**です。

使いこなせれば、業務時間も短縮できるので、積極的に使っていきましょう。

(4)「名古屋営業所」「売上60万円以上」「女性」の　データだけを別シートに抽出したい

　Excelのフィルター機能には、さらに、「詳細設定」が用意されています。これを使えば、条件に合うデータだけを別の範囲に抽出することができるので、報告用のシート作成なども同時に行えます。

　たとえば、前出の図57の表で、「名古屋営業所の月間売上60万円以上の女性」のデータだけを抽出してみましょう。次の手順になります。

	A	B	C	D	E	F	G	H	I
1	月	営業所	No	名前	年齢	性別	役職	売上	担当得意先
2	1月	大阪	015	山田 一郎	37	男	マネジャー	750,000	佐藤商店
3	1月	大阪	021	藤原 淳也	20	男	メンバー	250,000	伊藤商店
4	1月	大阪	026	山口 勉	27	男	マネジャー	830,000	渡辺商店
5	1月	大阪	034	真壁 文子	32	女	メンバー	300,000	エービー無線
6	1月	大阪	036	飯田 康雪	40	男	メンバー	660,000	CBA電器
7	1月	大阪	037	八木 康	25	男	メンバー	290,000	佐藤商店
8	1月	大阪	052	猪瀬 千恵	19	女	メンバー	105,000	伊藤商店
9	1月	大阪	055	蝶野 恵美子	35	女	リーダー	708,000	エービー無線
10	1月	大阪	056	戸田 莉南	32	女	メンバー	500,000	アサッテ電工
11	1月	大阪	062	金子 隆一	30	男	メンバー	350,000	CBA電器
12	1月	大阪	071	中村 静	39	女	リーダー	625,000	伊藤商店
13	1月	大阪	077	越智 浩充	28	男	メンバー	583,000	CBA電器
14	1月	大阪	083	輪島 康太郎	24	男	リーダー	792,000	アサッテ電工
15	1月	大阪	084	金本 隆真	25	男	メンバー	375,000	渡辺商店
16	1月	大阪	086	田尻 浩太	18	男	メンバー	208,000	アサッテ電工
17	1月	名古屋	016	岡田 貴男	37	男	マネジャー	250,000	CBA電器
18	1月	名古屋	018	棚橋 史恵	20	女	メンバー	250,000	エービー無線
19	1月	名古屋	020	中西 清司	27	男	マネジャー	830,000	小林商店

図57

手順1　まずは、抽出条件を設定する場所の確保です。**抽出したいデータの項目を任意のセル（ここではK1セルからM1セル）にコピペします。**

今回は「名古屋営業所の月間売上60万円以上の女性」のデータを抽出するのが目的です。

そこでB1セルの「営業所」とF1セルの「性別」とH1セルの「売上」を、K1セルからM1セルにコピペしてください（項目の文字が元表と異なっていると正しく抽出できませんのでご注意ください）。

手順2 次に、K2セルからM2セルに抽出する条件を入力します。ここでの条件は、「名古屋」「女」「60万以上」なので、次のように入力します。

図129

手順3 ［データ］タブ→［詳細設定］をクリックし、［指定した範囲］にチェックを入れます。［リスト範囲］に「$A$1:$I$85」、［検索条件範囲］に「$K$1:$M$2」、［抽出範囲］に「$P$1」を指定して（ここではP1セル以降に抽出したいと思います）［OK］をクリックしてください。

図130

図131のように、P1セル以降に、条件に合致したデータが抽出されればOKです。

O	P	Q	R	S	T	U	V	W	X
	月	営業所	No	名前	年齢	性別	役職	売上	担当得意先
	1月	名古屋	054	橋本 一美	32	女	メンバー	749,000	吉田商店
	3月	名古屋	018	棚橋 史恵	20	女	メンバー	900,000	エービー無線

図131

それでは、同じパターンで、もう少し複雑な検索条件で、かつ、別のシートに抽出してみましょう。「伊藤商店または佐藤商店担当で、月間売上60万円以上100万円未満の、リーダーまたはマネジャー」のデータだけを、抽出用の空シート「Sheet3」ダウンロード に抽出します。

検索条件について、「かつ」の条件は異なる列の同じ行に、「または」の条件は同じ列の異なる行に記述するルールになっています。

ただし、行をまたいで検索はしてくれないので、「または」の条件が複数ある場合は、1行ずつ書く必要があります。

手順1 K1セルからN1セルに検索に必要な項目をコピペし、図132のように入力してください。

J	K	L	M	N	O
	役職	売上	売上	担当得意先	
	マネジャー	>=600000	<1000000	佐藤商店	
	リーダー	>=600000	<1000000	佐藤商店	
	マネジャー	>=600000	<1000000	伊藤商店	
	リーダー	>=600000	<1000000	伊藤商店	

図132

検索結果を別のシートに抽出したい場合は、抽出したい別シートから、［データ］タブ→［詳細設定］をクリックして同じように設定します。

　まず事前準備として、データを抽出するための空のシートを用意しておき、列幅を元表の列幅に合わせておきます。先に合わせておくことで、抽出の度に書式を整える手間が省けます。抽出先のシート名は、「Sheet3」とします。
　それでは、図57（P165）の元表の列幅のみをコピペしましょう。

手順2 図57のセル範囲A1：I1を選択して［ホーム］タブ→［コピー］をクリックし、空シート「Sheet3」のA1セルを選択して［ホーム］タブ→［貼り付け］の［▼］→［形式を選択して貼り付け］→「列幅」にチェックを入れて［OK］をクリックしてください。

図133

手順3 ［Sheet3］をアクティブに（見えている状態に）して、［データ］タブ→［詳細設定］をクリックし、［指定した範囲］にチェックを入れます。

そして［リスト範囲］に「Sheet2!$A:$I」、［検索条件範囲］に「Sheet2!$K$1: $N$5」、［抽出範囲］に「$A$1」を指定して［OK］ボタンをクリック。

図134

次の図135のように、［Sheet3］に、条件に合致するデータが表示されればOKです。

	A	B	C	D	E	F	G	H	I
1	月	営業所	No	名前	年齢	性別	役職	売上	担当得意先
2	1月	大阪	015	山田 一郎	37	男	マネジャー	750,000	佐藤商店
3	1月	大阪	071	中村 静	39	女	リーダー	625,000	伊藤商店
4	2月	大阪	015	山田 一郎	37	男	マネジャー	600,000	佐藤商店
5	3月	大阪	071	中村 静	39	女	リーダー	743,000	伊藤商店

図135

(5) 横方向にデータの並べ替えを行う

次は、データの並べ替えです。

並べ替える際の方法は、「昇順」と「降順」の2種類です。「昇順」では、小さな数値から順に並びます。仮名では、「あ」～「ん」の順に、英字では「A」から「Z」の順に並びます。「降順」はその逆です。

一般的な表では、1行に1件分のデータを入力し、縦方向にどんどんデータを入力していきますので、並べ替えも縦方向に行うほうが多いはずです。

一つの条件だけで並べ替える場合は簡単です。

並べ替えたい列の任意のセルを選択して、［データ］タブの、［昇順］ボタン か、［降順］ボタン をクリックすれば、その列を基準として表全体を並べ替えることができます。

しかし、複数の条件で並べ替えたい場合は少し設定が必要になります。

たとえば、下記図57の表で、月間売上が大きい順、かつ、売上が同じ場合は年齢が低いほうを上に表示して並べ替えたいとします。

この場合は、「売上」を降順に、「年齢」を昇順に設定し、「売上」のほうの優先度を高く設定する必要があります。次の手順でやってみましょう。

	A	B	C	D	E	F	G	H	I
1	月	営業所	No	名前	年齢	性別	役職	売上	担当得意先
2	1月	大阪	015	山田 一郎	37	男	マネジャー	750,000	佐藤商店
3	1月	大阪	021	藤原 淳也	20	男	メンバー	250,000	伊藤商店
4	1月	大阪	026	山口 勉	27	男	マネジャー	830,000	渡辺商店
5	1月	大阪	034	真壁 文子	32	女	メンバー	300,000	エービー無線
6	1月	大阪	036	飯田 康雪	40	男	メンバー	660,000	CBA電器
7	1月	大阪	037	八木 康	25	男	メンバー	290,000	佐藤商店

図57

手順1 表内の任意のセルを選択し、[データ] タブ→ [並べ替え] をクリック。

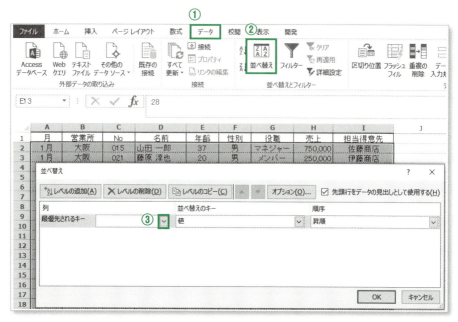

図136

手順2 [最優先されるキー] の「▼」をクリックして「売上」を選択。[順序] で「降順」を選択して [レベルの追加] をクリック。[次に優先されるキー] で「年齢」を、[順序] で [昇順] を選択して [OK] をクリックしてください（図137）。

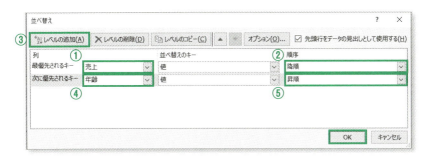

図137

これで、図138のように、２つの条件を満たして表全体が並べ替わります。

	A	B	C	D	E	F	G	H	I
1	月	営業所	No	名前	年齢	性別	役職	売上	担当得意先
2	2月	大阪	071	中村 静	39	女	リーダー	1,000,000	伊藤商店
3	2月	名古屋	068	永田 伸二	39	男	メンバー	1,000,000	小林商店
4	3月	名古屋	018	棚橋 史恵	20	女	メンバー	900,000	エービー無線
5	3月	名古屋	016	岡田 貴男	37	男	マネジャー	850,000	CBA電器
6	1月	大阪	026	山口 勉	27	男	マネジャー	830,000	渡辺商店
7	1月	名古屋	020	中西 清司	27	男	マネジャー	830,000	小林商店
8	1月	大阪	083	輪島 康太郎	24	男	リーダー	792,000	アサッテ電工
9	1月	大阪	015	山田 一郎	37	男	マネジャー	750,000	佐藤商店
10	3月	大阪	026	山口 勉	27	男	マネジャー	749,000	渡辺商店
11	1月	名古屋	054	橋本 一美	32	女	メンバー	749,000	吉田商店
12	3月	大阪	071	中村 静	39	女	リーダー	743,000	伊藤商店
13	1月	大阪	055	蝶野 恵美子	35	女	リーダー	708,000	エービー無線
14	1月	大阪	036	飯田 康雪	40	男	メンバー	660,000	CBA電器
15	1月	名古屋	070	武藤 真	28	男	リーダー	625,000	オオサカ商会
16	1月	大阪	071	中村 静	39	女	リーダー	625,000	伊藤商店
17	3月	名古屋	085	今井 寛至	18	男	メンバー	622,000	吉田商店
18	2月	名古屋	031	石井 徹	32	男	リーダー	622,000	吉田商店
19	2月	大阪	055	蝶野 恵美子	35	女	リーダー	622,000	エービー無線
20	3月	名古屋	068	永田 伸二	39	男	メンバー	622,000	小林商店
21	2月	大阪	015	山田 一郎	37	男	マネジャー	600,000	佐藤商店

図138

このようなデータの並べ替えは、縦方向だけでなく、横方向にも行うことができます。

たとえば、次の図139のような表で、平均点の大きい科目から順に左から並べ替えたい場合は、「**並べ替えオプション**」を利用して次の手順で行います。

	A	B	C	D	E	F	G	H	I	J
1	氏名	英語	国語	数学	化学	物理	生物	日本史	世界史	地理
2	木下 香絵	38	73	95	73	30	74	36	89	44
3	山口 潔	90	30	81	92	65	38	57	72	49
4	兵藤 三郎	65	61	44	57	96	35	93	60	88
5	長田 尚恵	40	79	47	98	52	43	61	47	71
6	中嶋 一恵	32	78	33	74	81	81	95	83	45
7	德田 英美	38	90	51	43	49	95	87	74	94
8	森田 英一	71	72	100	65	84	80	71	69	36
9	鈴木 和夫	39	34	56	50	63	42	50	95	50
10	藤村 純一郎	69	85	57	44	35	55	36	60	49
11	池田 香也子	33	69	81	72	84	80	65	92	58
12	元木 美咲	44	70	79	99	62	50	50	36	82
13	荒川 真人	59	81	97	55	32	32	37	96	86
14	戸田 亜樹	83	75	55	65	45	49	99	62	92
15	阪本 達哉	45	87	72	32	96	40	56	96	34
16	今井 暁広	43	58	83	74	85	62	68	95	68
17	髙橋 陽介	73	74	46	91	88	51	79	33	55
18	林 千恵	83	30	70	46	50	80	79	65	46
19	原 伸二	86	49	57	90	53	63	94	46	41
20	早乙女 英之	97	81	73	53	89	87	48	90	66
21	平均点	59.4	67.2	67.2	67.0	65.2	59.8	66.4	71.6	60.7

図139 ダウンロード ［Sheet6］

手順1 表内の任意のセルを選択し、[データ] タブ→ [並べ替え] ボタンをクリックし、[オプション] ボタンから [方向] を [列単位] に変更して [OK] をクリックしてください（図140）。

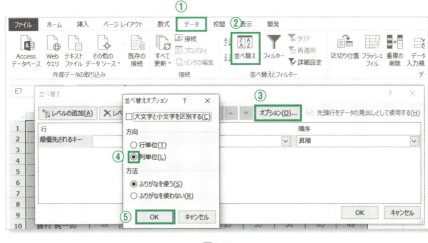

図140

手順2 [最優先されるキー] の [▼] から「行21」を選択し、[順序] を「降順」にして [OK]。

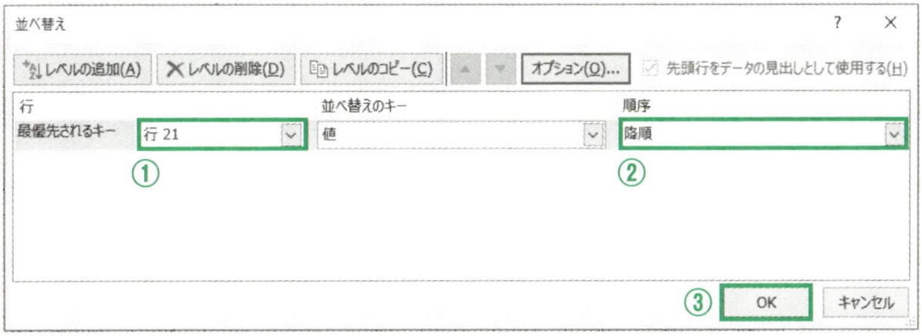

図141

次の図142のように、表全体が横方向に降順に並べ替えられればOKです。

	A	B	C	D	E	F	G	H	I	J
1	氏名	世界史	数学	国語	化学	日本史	物理	地理	生物	英語
2	木下 香絵	89	95	73	73	36	30	44	74	38
3	山口 潔	72	81	30	92	57	65	49	38	90
4	兵藤 三郎	60	44	61	57	93	96	88	35	65
5	長田 尚恵	47	47	79	98	61	52	71	43	40
6	中嶋 一恵	83	33	78	74	95	81	45	81	32
7	德田 英美	74	51	90	43	87	49	94	95	38
8	森田 英一	69	100	72	65	71	84	36	80	71
9	鈴木 和夫	95	56	34	50	50	63	50	42	39
10	藤村 純一郎	60	57	85	44	36	35	49	55	69
11	池田 香也子	92	81	69	72	65	84	58	80	33
12	元木 美咲	36	79	70	99	50	62	82	50	44
13	荒川 真人	96	97	81	55	37	32	86	32	59
14	戸田 亜樹	62	55	75	65	99	45	92	49	83
15	阪本 達哉	96	72	87	32	56	96	34	40	45
16	今井 暁広	95	83	58	74	68	85	68	62	43
17	髙橋 陽介	33	46	74	91	79	88	55	51	73
18	林 千恵	65	70	30	46	79	50	46	80	83
19	原 伸二	46	57	49	90	94	53	41	63	86
20	早乙女 英之	90	73	81	53	48	89	66	87	97
21	平均点	71.6	67.2	67.2	67.0	66.4	65.2	60.7	59.8	59.4

図142

平均点が高い科目から順に並べ替えられた

このように、さまざまな項目で自由に並べ替えを行うことができれば、分析がしやすくなります。

単に表示されている数値を並べ替えるだけでなく、たとえば、前年比や前月比、構成比等を計算してそれを基準に並べ替えを行うなど、工夫次第で分析効率が格段に上がりますよ。

2 コピペで差がつく！ミスを減らして、ムダをなくす方法とは？

コピー&ペーストの正しい使い方を知る

　データの入力やコピペは、常に発生する作業です。たかが入力、たかがコピペと思われるかもしれませんが、何度も何度も出てくる動作ですので、これをより効率的に進められれば意外と効果は大きいものです。

（1）離れたセルに「同一データ」を一気に入力する

　離れた複数セルに同じデータを入力する際に、一つずつ入力していては大変ですし、時間もかかります。コピペもいいのですが、もっと速く入力できるのはこちらの方法です。

　たとえば、5個の離れたセルに「○」を一気に入力したい場合は、その5個のセルを［CTRL］キーを押しながら選択したあと、「○」と入力し、最後に［CTRL］＋［ENTER］キーで確定すればOKです（図144）。

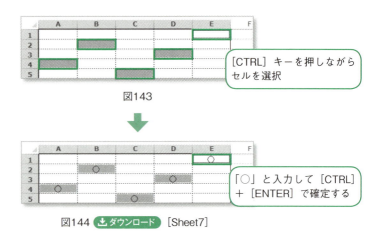

図143

図144 ダウンロード [Sheet7]

[CTRL]＋[ENTER]キーで確定するのがポイントです。数式の入力も同じようにできるので、試してみてください。

入力するセルの位置が同じであれば、複数のシートに一気に入力することも可能です。たとえば、[Sheet1][Sheet2][Sheet3]の3枚のシートのB2セルに「○」を一括入力したい場合は、先に[Sheet1]から[Sheet3]まですべてを選択しておいてから、B2セルに「○」と入力して[ENTER]キーを押せばOKです（図145）。

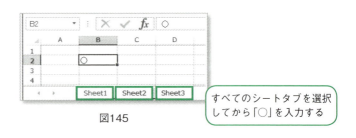

図145

ちなみに、シートの選択の仕方もセルのときと同じです。**連続するシートをすべて選択したいときは、最初に［Sheet1］のタブを選択しておいて、［SHIFT］キーを押しながら［Sheet3］をクリックします。離れたシートを選択したいときは［CTRL］キーを押しながら選択すればできます。**

　これは複数シート間の串刺し計算にも威力を発揮します。

　たとえば、［Sheet2］［Sheet3］［Sheet4］のB2セルに、それぞれ、10、20、30という数値が入力されていて、これらの合計を［Sheet1］のA1セルに表示したい場合などです。

　まず、**集計したいシート［Sheet1］のA1セルに、「=SUM(」と入力します。続けて［Sheet2］のB2セルを選択し、［SHIFT］キーを押しながら［Sheet4］のタブをクリックし、最後に「)」を入力して［ENTER］キーを押してください。**これで、［Sheet1］のA1セルには、「=SUM(Sheet2:Sheet4!B2)」と入り、合計した数値60が返されます（図146）。

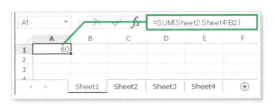

図146

　この方法を使えば、たとえば、［Sheet2］に東京営業所の売上データ、［Sheet3］に大阪営業所の売上データ、［Sheet4］に福岡営業所の売上データを同じフォーマットで計算できるようにしておいて、［Sheet1］に各項目を串刺し計算して全社売上を計算できるようにしておく、といった使い方もできますね。

（2）「空白セル」だけをすべて選択して、一気に「−」を入力する

　空白のセルだけを探して、そのすべてに「−」（ハイフン）を入力したいとか、数式の入っていないセルだけを選択してクリアしたいなど、いちいちセルの内容を選択していくのが大変な場合は、「ジャンプ」機能を使うと便利です。

　P177の（1）で、[CTRL] + [ENTER]で離れたセルに一気に入力できる、という話をしましたが、この「**ジャンプ**」と組み合わせて使う場合も多いです。

　たとえば、図144で、空白セルだけをすべて選択して一気に「−」を入力するには、**表内の任意のセルを選択し、[ホーム]タブ→[検索と選択]→[条件を選択してジャンプ]をクリックして、[空白セル]を選択、OKをクリックします**（図147、図148）。

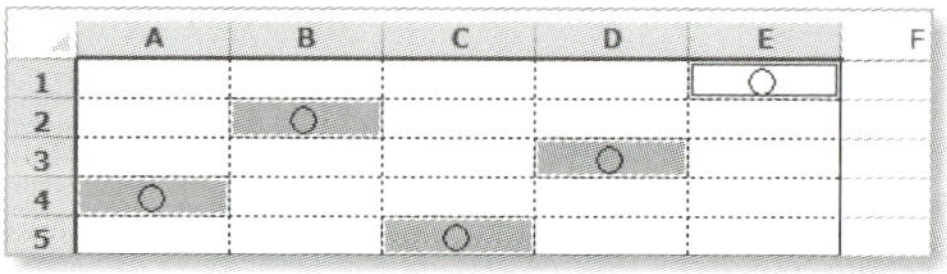

図144

図147

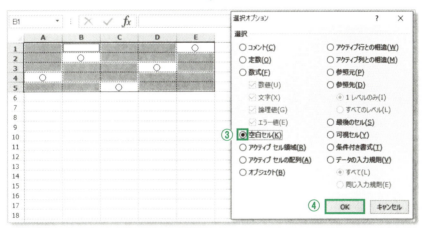

図148

その状態で「－」と入力してから［CTRL］＋［ENTER］キーで確定すると、次の図149のようにすべての空白セルに「－」を一括入力することができます。

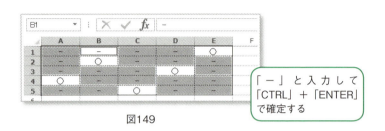

図149

　また、たとえば数式の入っていないセルだけを選択してクリアし、計算式だけ残してシートを使い回したい場合は、先ほどの［選択オプション］ダイアログで［定数］を選択すれば数式以外のセルがすべて選択されるので、その状態で［DELETE］キーを押すだけでOKです。

　数式かどうか、入力規則や条件付き書式が適用されたセルかどうかなど、**表を一目見ただけではわからないセルを探し出したいとき**に、覚えておくと重宝します。
　とくに、実務で他人が作成した表や大きな表を扱う方は、どこにどういう設定が使われているのかがわかりにくいため、知っておくと、かなり時短できる機能かと思います。

（3）週末を除いて、平日のみの連続データを入力したい場合は……

Excelでは、連番を振ったり、日付を入力したりすることはよくあります。連続するデータを効率良く入力するやり方として、「オートフィル」を使ってマウス操作だけで入力する方法があります。

セルを選択したときに出てくる四角い枠の右下にある［■］（フィルハンドル）にマウスを合わせてドラッグするだけです（図150）。

図150

奇数や偶数など、一定のルールに基づいた連番を自動入力することもできます。その場合は、**最初の2つのデータを選択してからフィルハンドルをドラッグすると、Excelがその2つのデータの差分を計算して同じ間隔で連続データを作成してくれます**（図151）。

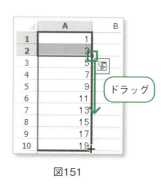

図151

　もう少し複雑な連続データを入力したい場合は、**フィルハンドルを右クリックでドラッグしたあとに出てくるメニューから［連続データ(E)］を選択して設定**します。

　たとえば、［範囲］で「列」を、［種類］で「日付」を、［増加単位］で「週日」を選択して［OK］ボタンをクリックすると、平日のみの連続した日付データを自動入力できます。

図152-1

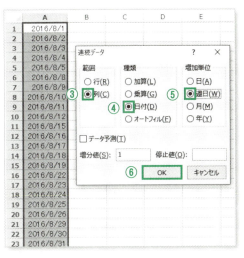

図152-2

代表的なオプションは、マウスをドラッグしたあとに出てくる「オートフィルオプション」ボタンをクリックするだけでも選択できるので、こちらを活用してもよいでしょう（図153）。

図153

とくに、実務でよく使う便利なオプションは、[書式なしコピー]です。次の図154のように、データを普通にコピーしたら罫線の一部が崩れてしまう場合にこの機能を使うとスマートにコピーできます。

図154

普通にコピーした場合、元の罫線が崩れてしまう

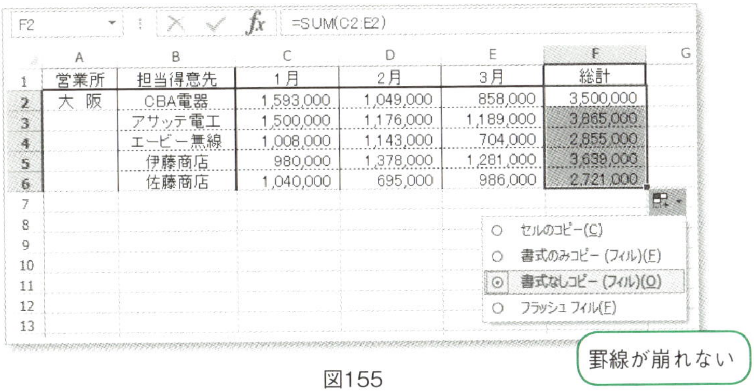

図155

罫線が崩れない

（4）ダブルクリックで数式を一括コピーする

P183の（3）で、オートフィルについて解説しましたが、フィルハンドルを応用すればコピペもラクにできます。

たとえば、前出の図139で、K列に個人別の平均点を全員分計算することになったとします。

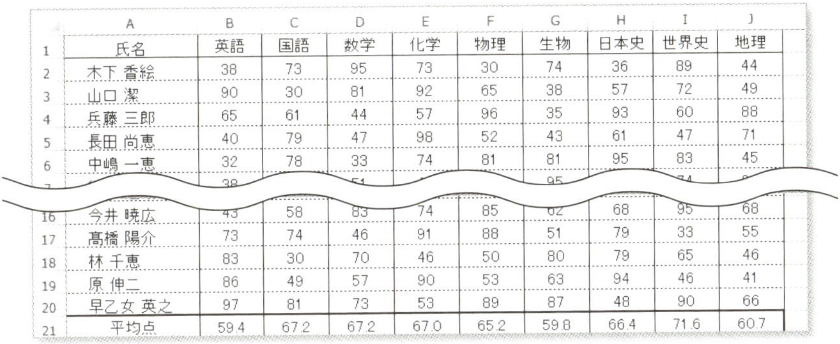

図139

そんなときは、K2セルに、まず一つAVERAGE関数を入力しておいて、フィルハンドルの部分をダブルクリックすると、隣にデータが入っている最後のセルまで一気にコピペできます。

フィルハンドルのダブルクリックは、下方向にドラッグしたのと同じ結果が得られるのです（図156）。

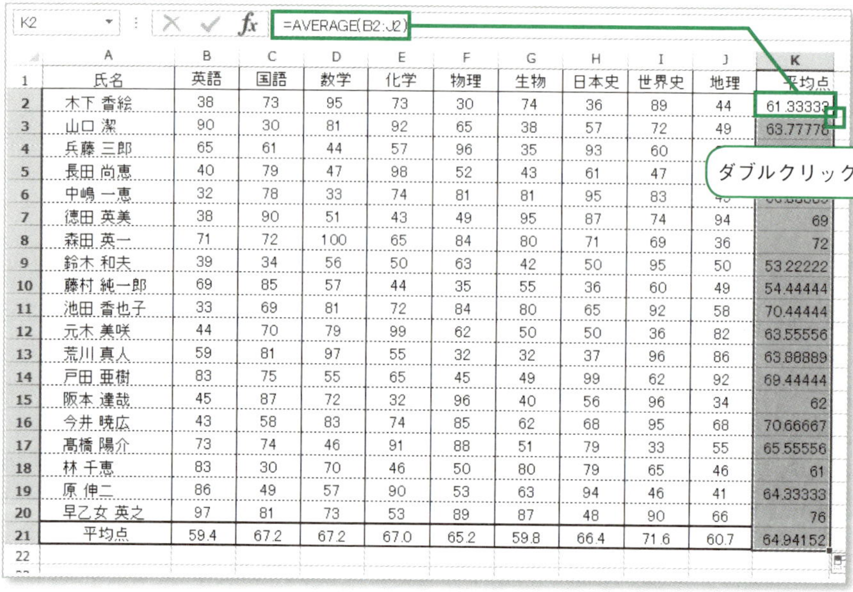

	A	B	C	D	E	F	G	H	I	J	K
1	氏名	英語	国語	数学	化学	物理	生物	日本史	世界史	地理	平均点
2	木下 香絵	38	73	95	73	30	74	36	89	44	61.3333
3	山口 潔	90	30	81	92	65	38	57	72	49	63.7777
4	兵藤 三郎	65	61	44	57	96	35	93	60	[illegible]	[illegible]
5	長田 尚恵	40	79	47	98	52	43	61	47	[illegible]	[illegible]
6	中嶋 一恵	32	78	33	74	81	81	95	83	[illegible]	[illegible]
7	徳田 英美	38	90	51	43	49	95	87	74	94	69
8	森田 英一	71	72	100	65	84	80	71	69	36	72
9	鈴木 和夫	39	34	56	50	63	42	50	95	50	53.22222
10	藤村 純一郎	69	85	57	44	35	55	36	60	49	54.44444
11	池田 香也子	33	69	81	72	84	80	65	92	58	70.44444
12	元木 美咲	44	70	79	99	62	50	50	36	82	63.55556
13	荒川 真人	59	81	97	55	32	32	37	96	86	63.88889
14	戸田 亜樹	83	75	55	65	45	49	99	62	92	69.44444
15	阪本 達哉	45	87	72	32	96	40	56	96	34	62
16	今井 暁広	43	58	83	74	85	62	68	95	68	70.66667
17	髙橋 陽介	73	74	46	91	88	51	79	33	55	65.55556
18	林 千恵	83	30	70	46	50	80	79	65	46	61
19	原 伸二	86	49	57	90	53	63	94	46	41	64.33333
20	早乙女 英之	97	81	73	53	89	87	48	90	66	76
21	平均点	59.4	67.2	67.2	67.0	65.2	59.8	66.4	71.6	60.7	64.94152
22											

図156

セルを選択したときに出てくる四角い枠は、フィルハンドル以外にも利用価値があります。「枠」ですので、４つの辺から成っているのですが、**左右上下の辺をダブルクリックすると、その方向の、データが入っている最後のセルへと移動できます。**

たとえば、K16セルの平均点は、「70.66……」のデータですが、これが誰かを確認したいときは、その数値を選択して、四角い枠の左の辺をダブルクリックすると、一瞬で氏名の欄に飛ぶことができます

（左の辺にマウスを合わせたときに、マウスポインターの形が十字に変わったことを確認してからダブルクリックしてください）。

図157

　実際に実務で扱う表はかなり大きいものもあるはずです。こういうちょっとしたことでも、知っているのと知らないのとでは、けっこう差がつくものです。

≫（5）複数の担当者間で表記のズレをなくしたいときには

　複数の担当者が同じシートに入力作業を行う場合、また、フォーマットを作成して複数の人に入力してもらって回収する場合、同じデータを入力しているつもりでも実際は異なっているケースが多々あります。

　たとえば、ある人は全角で入力しているのに、別の人は半角で入力していたり、「渋」と「澁」のように旧字体が混じっていたり、ひらがなとカタカナ、半角スペースが紛れていたりと、表記の揺れが散見します。

　このような表記のズレがあると、あとから検索・抽出・集計などを行うことができなくなってしまいます。こうしたエラーは、あとから修正するよりも、最初から起こらないようにシートに工夫をしておいたほうが効果的です。

　そんなときに活躍するのが**「入力規則」**という機能です。

　たとえば、半角大文字の「A～E」の5つの選択肢から選択したアルファベットしか入力できないようにしたければ、**まず該当セルを選択して、[データ]タブ→[データの入力規則]から、「データの入力規則」ダイアログを表示します。そして[設定]タブ内、[入力値の種類]に「リスト」を選択し、[元の値]に「A，B，C，D，E」と、選択肢にしたいデータを半角カンマで区切りながら入力して[OK]ボタンをクリックします。**

　すると、次の図158のD3セルのように、ドロップダウンリストから候補を選択して入力できるようになります。

　選択肢がたくさんある場合は、あらかじめシートに選択肢をリスト化しておいて、その範囲を[元の値]に指定することもできます（図159）。

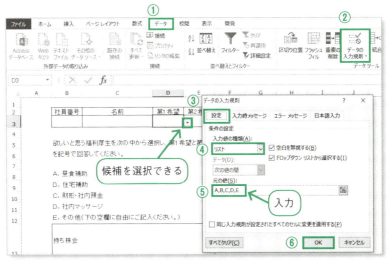

図158 ダウンロード [Sheet8]

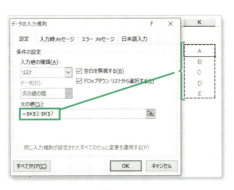

図159

　ここで、関連機能として合わせて覚えておくと便利なのが、[ALT] + [↓] **を使った入力方法**です。前に一度入力したことのあるデータをリスト表示してくれるので、選択するだけで入力できます（図160）。

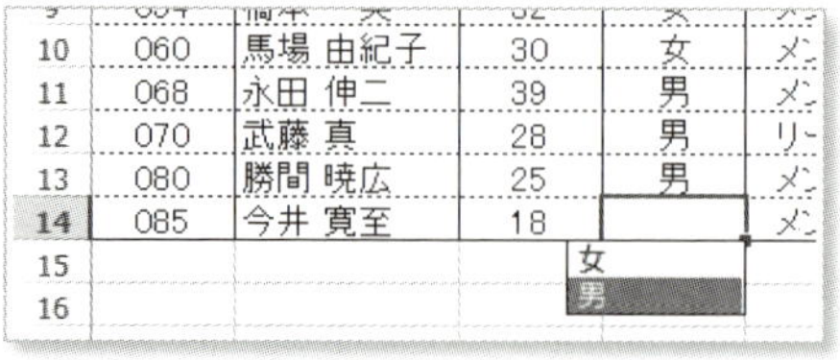

図160

さらに、もう少し丁寧に、D3セルが選択されたとき、「入力はドロップダウンリストから選択してください」というメッセージが出るようにしてみましょう。

引き続き、次の図161のように、[入力時メッセージ]タブから、「タイトル」と「メッセージ」を入力して[OK]としてください。

図161

ここまで設定しても間違って入力された場合は、Excelが「入力した値は正しくありません。」というエラーメッセージとともに、再入力を促してくれるので安心です（図162）。

図162

ちなみに、このエラーメッセージも、図163のような形で、［エラーメッセージ］タブからオリジナルのコメントを設定することが可能です。

図163

入力規則では、他にも、整数のみとか、日付、時刻のみなどに入力を限定することもできます。

また、［日本語入力］タブから設定すれば、該当セルを選択したらすぐに日本語入力モードや英数モードに切り替わる設定も可能です。

たとえば、「社員番号」のB3セルを選択したときには英数モード（日本語入力モードオフ）に、「名前」のC3セルを選択したときには日本語入力モードオンにしておくなど（図164）、事前にシートにさまざまな仕掛けをしておくことによって、入力ミスを大幅に減らすこともできます。

図164

　メール添付でフォーマットのファイルを送り、必要事項を記入してもらって送り返してもらう業務はよくありますよね。戻ってきたファイルを確認すると、想定外の入力がいくつもされていて、それを修正してもらうために何度もやりとりすると、1〜2日はすぐに経ってしまいます。

　事前に、シートに入力ミスを減らすための仕掛けをしておけば、そんなムダな時間も軽減できるのです。

（6）VLOOKUP関数で自動転記する

　コピペをうまく活用するのも大切ですが、その前に、最初から必要なデータを自動的に持ってきておくことができれば、コピペの手間も省けますよね。そんなときに活躍するのが、「VLOOKUP関数」という自動転記のための関数です。数多くあるExcel関数の中でもとくに重要な関数なので、この機会に覚えてしまいましょう。

　VLOOKUP関数は「①指定したデータを、②別表の ③左端の列から縦方向に探して、見つけたらその位置から④指定した分、右にあるデータを持ってくる関数」です。関数式は、次のようになります。

=VLOOKUP(①指定したデータ,②別表の範囲,④何列目,FALSE)

　「VLOOKUP」のカッコ内に入れるデータは「引数」といい、その関数の処理条件を指定するために入れるものです。複数存在する場合はカンマで区切って入力します。

　引数にどのデータを用いるか、何個必要かなどは、関数ごとにルールとして決められており、VLOOKUP関数の場合は、上記のルールになっています。最後に「FALSE」と入れるのもルールです。忘れないように気をつけましょう。

試しに、図165のA2セルに商品ナンバーを入力するとB2セルにその商品の単価が自動的に転記される式をVLOOKUP関数で作成してみます。

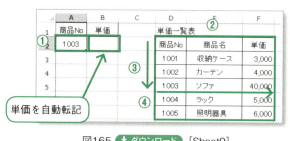

図165 ダウンロード ［Sheet9］

「①指定したデータ」に相当するものは、「A2セルに商品ナンバーを入力すると」という条件からもわかるように、商品ナンバー「1003」が入力されている「A2セル」になります。これを**「検索値」**といいます。

②別表の範囲は、「どこから探してくるか」ということなので、「D2セルからF7セルまで」が該当するセル範囲になります。この別表を**「参照表」**といいます。参照表は、別シートや別ファイルでもOKです。

参照表の範囲の③左端の列を上から検索していって、「1003」が見つかったら、④何列分右のデータを持ってくるか、ということなので、D列を含めて3列右にある商品単価の「40,000」というデータを持ってきたい、ということを示す「3」を入れます。結果として、

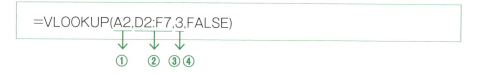

という関数式が完成します。要するに、
「A2セルに入っているデータと同じものを、セル範囲D2:F7にある別表の左端の列から探しなさい。一致するものが見つかったら、そのデータから3列分右にあるデータを持ってきなさい」という意味になります。

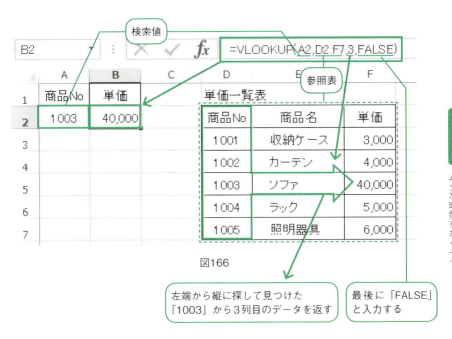

図166

VLOOKUP関数を入れておけば、価格が改定されたとしても、単価一覧表の価格を変更するだけで、関数の適用された表はすべてその変更が反映されますので、データが多ければ多いほど有用です。

　商品番号を入力したらその商品名と価格が自動転記される請求書や、社員番号を入力したら社員名と連絡先が自動転記される連絡網なども作成でき、その応用範囲はかなり広いので、ぜひ覚えていただきたい関数です。

第5章のまとめ

- 「データの検索・抽出・並べ替え」の３つは、最も基本的なデータ処理法なので、上手に使えるようになると業務効率化に特に効く。
- オプション機能を使えば、すべてのシートに「置換」を適用できる。
- 「オートフィルター」は、大量のデータの中から指定した条件に合致するデータを抽出するのに便利。さらに「詳細設定」を使ってフィルタリングすれば、条件に合うデータだけを別の範囲に抽出することもできる。
- データの並べ替えは、「オプション機能」を使えば横方向にも並べ替えられる。
- 「ジャンプ」機能は、表を一目見ただけではわからないセルを探し出したいときに使うと便利。
- 「オートフィル」機能を使えば、マウス操作だけで連続データを効率良く入力できる。さらに、フィルハンドルを右クリックでドラッグしたあとに出てくるメニューを使えば、複雑な連続データも入力できる。
- フィルハンドルのダブルクリックは、下方向にドラッグしたのと同じ結果が得られる。
- 表記揺れや入力ミスによるエラーは、あとから修正するよりも、最初から起こらないように「入力規則」機能を適用しておくとよい。
- VLOOKUP関数は、=VLOOKUP(［検索値］,［別表の範囲］,［何列目］,FALSE)で、「検索したいデータを、別表の左端の列から縦方向に探して、見つけたらその位置から指定した分、右にあるデータを持ってきなさい」という意味になる。

第6章

まだまだある時短ワザ、[書式設定]テクニック

1 デザインの微調整でムダな時間をかけないコツとは？

一瞬で見た目を整える時短ワザを学ぼう

　第5章では、最も時間のかかるプロセス［編集］と［書式設定］のうち、［編集］についての時短ワザをピックアップして解説しました。

　しかし、編集作業でデータをしっかりまとめても、数字が並んでいるだけでは何を伝えたい資料なのかよくわかりません。多くのビジネスパーソンは**重要な数値を強調したり、太線や点線を使い分けたり、フォントを変更するなど、ある程度見やすくなるように全体的に書式を整えてから完成とすることに意**外と時間をかけてしまっています。

　ただ、書式を整えて見やすくするのも大事ではありますが、もっと大切なのは、データの中身を分析して今後の対策を検討することのはずです。作業効率のいい人ほど、書式設定のテクニックを有効に使ってパパッと見た目を整え、分析業務のほうに時間を割いています。

　そこで第6章では、効率化のカギを握るもう一つのプロセス［書式設定］（見た目を整える作業）についての時短ワザを解説していきます。

(1) 斜めの線を上手に引くコツ

セルに斜線を引きたいときってありませんか。

たとえば、表のいちばん左上のセルは、縦項目と横項目が交わる見出し欄として使うことも多いです。また、空白セルに斜線を引いてデータがないことを明示するときにも使います。

しかし、［ホーム］タブのドロップダウンリストにはそれらしきものは用意されていません。そんなときは、リストのいちばん下にある［その他の罫線］を選択して「セルの書式設定」から引きましょう。

図167-2のように、右下に斜線のマークがありますので、こちらをクリックしてプレビュー画面を確認したあと、［OK］をクリックすれば引けます。

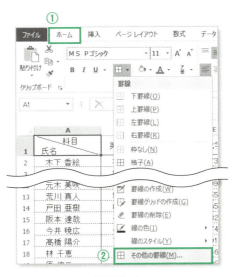

図167-1

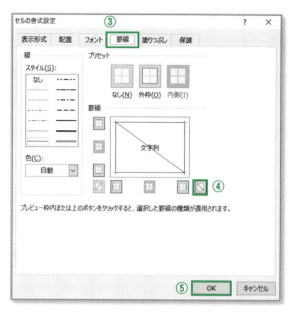

図167-2

ただ、この方法で表の左上の項目欄をつくろうとすると、セル内改行（［ALT］＋［ENTER］キー）を使っての文字配置が難しく、少し違和感が残ります（図168）。

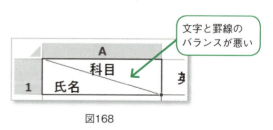

図168

こうした場合は、**2行使って項目名を記載し、[挿入] タブ→ [図形] から線を引くとうまく引けます。そのときのコツが、[ALT] キーを押しながら、セルの角に合わせて斜線を引く**ことです。

　2つのセルにピッタリと線がおさまって、セルを広げたり縮めたりしても線も一緒についてくるのでキレイに引くことができます。

図169

図170

▶▶（2）書式のみをコピペしてフォーマットの一部を再利用する

　前にも述べた通り、作業効率がいい人ほど状況に応じてコピペをうまく使いこなしています。ここではいろいろな形式での貼り付け方法についてご紹介します。

　たとえば、P161で出てきた図124のタイトルの書式部分（赤色の太字斜体）だけを、P174の図139の科目名のところにも適用したい場合は、**コピーしたい書式情報があるセル（図124のA1セル）を選択して、［ホーム］タブ→［コピー］ボタンをクリック**し、**図139のセル範囲B1：J1を選択した後、［ホーム］タブ→［書式貼り付け］ボタンをクリック**すればOKです（図171－1、171－2）。

図171－1

図171-2

　この書式貼り付けはよく使う機能なので、それ専用のボタンも用意されています。**コピーしたい書式情報があるセルを選択して、[書式のコピー／貼り付け]ボタンをクリックし（図172）、貼り付けたいセル、またはセル範囲を選択するだけで**、先ほどと同様の書式貼り付けができます。

図172

　この方法だと、書式貼り付けができるのは1回だけですが、[**書式のコピー／貼り付け**]**ボタンをダブルクリックして使うと、ボタンがロックされて何度もコピペできるようになります**（再度クリックすると解除されます）。

Excelには「書式だけ」「数式だけ」「値だけ」など、さまざまな形式でコピペができる機能があります。どれだけの種類があるかは、任意のセルを［コピー］したあと、［ホーム］タブ→［貼り付け］→［形式を選択して貼り付け］を選択するとわかります（図173‐1、図173‐2）。

図173‐1

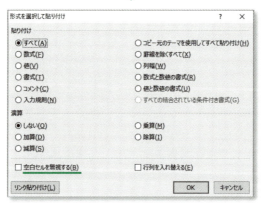

図173‐2

　上図に、「空白セルを無視する」という方法があります。
　こちらは言葉だけだとなかなかイメージしづらいと思いますので、何がどのようになるのか、例をあげて実際にやってみましょう。

次の図174－1のような２段構成の表がよくあると思います。このような表を一段にまとめたいとします。この例では大きな項目は3つしかありませんので、一つひとつ手動でコピペしていってもできますが、項目が100個あったらそういうわけにはいきませんよね。そんなときに、「空白を無視する」方法を使って次のような手順で貼り付けます。

	A	B	C	D	E
1	Ⅰ	ピボットテーブル	1	ピボットテーブルとは	
2			2	ピボットテーブルの5大機能	
3			3	実践演習1	
4			4	実践演習2	
5	Ⅱ	編集のテクニック	1	データの検索・抽出・並べ替え	
6			2	連続データの入力・コピペワザ	
7			3	オプション機能	
8	Ⅲ	書式設定テクニック	1	条件付きの書式と貼り付け	
9			2	表示形式	

図174－1 ダウンロード ［Sheet10］

↓

	A	B	C
1	Ⅰ	ピボットテーブル	
2	1	ピボットテーブルとは	
3	2	ピボットテーブルの5大機能	
4	3	実践演習1	
5	4	実践演習2	
6	Ⅱ	編集のテクニック	
7	1	データの検索・抽出・並べ替え	
8	2	連続データの入力・コピペワザ	
9	3	オプション機能	
10	Ⅲ	書式設定テクニック	
11	1	条件付きの書式と貼り付け	
12	2	表示形式	

図174－2

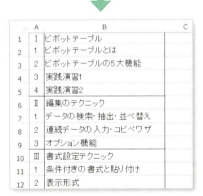

手順1 ［CTRL］キーを押しながら、1、5、8行目を行選択し、［ホーム］タブ→［挿入］→［シートの行を挿入］して空白行を作ります（図175）。

図175

手順2 コピーしたいセル範囲A2：B11を選択して、［ホーム］タブ→［コピー］ボタンをクリック。

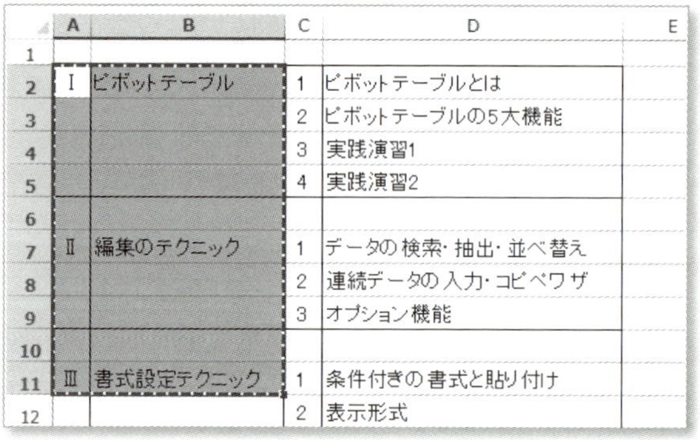

図176

手順3 貼り付け先のC1セルを選択して、[ホーム] タブ→ [貼り付け] → [形式を選択して貼り付け] → [空白セルを無視する] にチェックを入れて [OK] ボタンをクリックしてください。

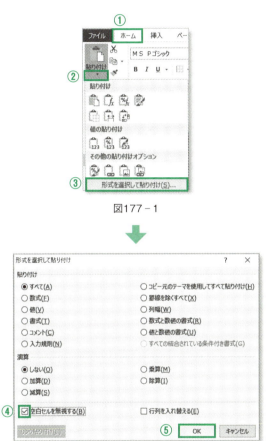

図177-1

図177-2

次の図178のようになりましたでしょうか。あとは、A列とB列を削除するだけで完成です。

	A	B	C	D	E
1			Ⅰ	ピボットテーブル	
2	Ⅰ	ピボットテーブル	1	ピボットテーブルとは	
3			2	ピボットテーブルの5大機能	
4			3	実践演習1	
5			4	実践演習2	
6			Ⅱ	編集のテクニック	
7	Ⅱ	編集のテクニック	1	データの検索・抽出・並べ替え	
8			2	連続データの入力・コピペワザ	
9			3	オプション機能	
10			Ⅲ	書式設定テクニック	
11	Ⅲ	書式設定テクニック	1	条件付きの書式と貼り付け	(Ctrl)▼
12			2	表示形式	

図178

ふつうに［貼り付け］をしてしまうと、空白セルであってもその空白が元々あったデータに上書きコピーされて消えてしまいますが、**空白セルを無視して貼り付けることによって、空白セルは無視されて上書きコピーされず、元のデータがそのまま残ることになります。**

いかがでしょうか？ イメージしてもらえましたでしょうか。複数セルを部分的に修正して、その部分だけを上書きコピーして一気に修正したいときに使うと便利です。

ちょっとした工夫ではありますが、コピペは使用頻度が高いので、［形式を選択して貼り付け］を使いこなせるだけでも非常に効果的です。

(3) セルの中にグラフを表示してデータの推移を視覚化する

「わざわざグラフ化して表示するまでもないけれども、数値の大きさを視覚的に表現したい」

そんなときに役立つのが、「スパークライン」という機能です。セル内にミニグラフを表示することで複数データの推移を簡単に可視化できます。図179を例に、スパークラインを表示してみましょう。

	A	B	C	D	E	F	G
1	営業所	担当得意先	1月	2月	3月	総計	
2	大 阪	CBA電器	1,593,000	1,049,000	858,000	3,500,000	
3		アサッテ電工	1,500,000	1,176,000	1,189,000	3,865,000	
4		エービー無線	1,008,000	1,143,000	704,000	2,855,000	
5		伊藤商店	980,000	1,378,000	1,281,000	3,639,000	
6		佐藤商店	1,040,000	695,000	986,000	2,721,000	
7		渡辺商店	1,205,000	675,000	1,038,000	2,918,000	
8	名古屋	CBA電器	467,000	1,002,000	1,250,000	2,719,000	
9		エービー無線	1,111,000	778,000	1,561,000	3,450,000	
10		オオサカ商会	1,125,000	569,000	677,000	2,371,000	
11		吉田商店	1,457,000	1,204,000	1,721,000	4,382,000	
12		小林商店	1,470,000	1,525,000	1,121,000	4,116,000	
13	合 計		12,956,000	11,194,000	12,386,000	36,536,000	

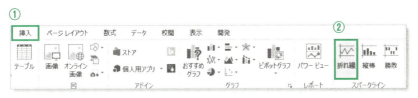

図179 ダウンロード [Sheet11]

手順1 [挿入] タブ→ [折れ線スパークライン] ボタンをクリックします。

図180

手順2 ［スパークラインの作成］ダイアログで、［データ範囲］に、セル範囲C2：E13を、［場所の範囲］に、セル範囲G2：G13を指定して［OK］ボタンをクリックします。

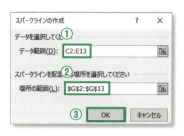

図181

手順3 指定したセル内に小さな折れ線グラフが挿入されるので、マーカーの設定をしておきましょう。［スパークラインツール］タブ内の［デザイン］タブ→［マーカーの色］→［マーカー］から赤色を選択してください。

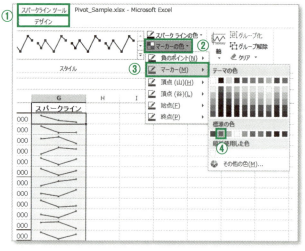

図182

これで、1月、2月、3月の売上の推移が、小さな折れ線グラフで表示され、視覚的にイメージしやすくなりました。[デザイン]タブから、スパークラインの色やグラフの種類など、さまざまな設定ができるのでお試しください。

　スパークラインを削除したいときは、スパークラインが表示されている任意のセルを選択して、[デザイン]タブ→[クリア]→[選択したスパークライングループのクリア]を選択すれば削除できます（図183）。

図183

（4）平均値以上のデータのみに色を付ける

　注目してほしい数値が大きな太字になっていたり、目立つ色でハイライトされていたりすると、より親切な資料になります。ここでは、「条件付き書式」という機能を使って、設定した条件を満たす数値に自動で色を付けてみます。
「セルに入力されているデータが一定の条件を満たす場合には、こういう書式を適用しなさい」というルールをあらかじめ設定しておくことができるのです。

　たとえば、平均値以上の売上金額データのみを赤色の背景で自動表示させてみましょう。

手順1 対象セル範囲を指定して、[ホーム] タブ→ [条件付き書式] → [上位／下位ルール] → [平均より上] を選択してください。

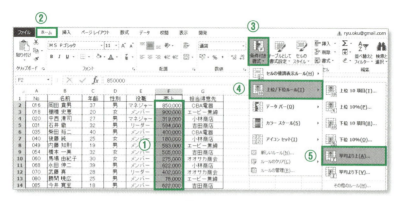

図184

手順2 表示される [平均より上] ダイアログで、[明るい赤の背景] を選択して [OK] ボタンをクリック。

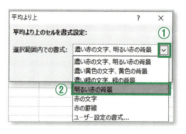

図185

これで、平均値以上の売上金額データが赤色でハイライトされます（図186）。

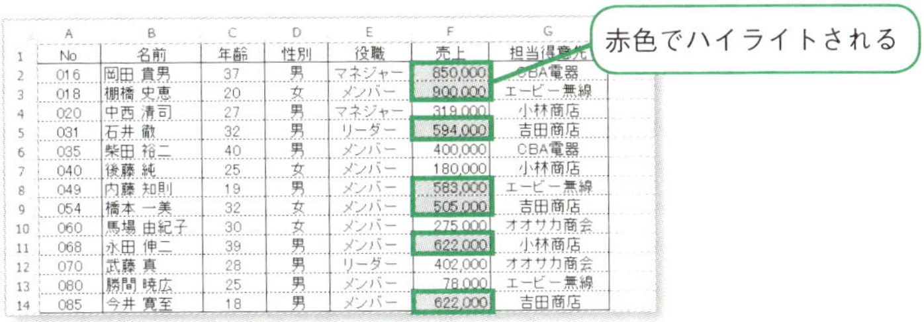

図186

赤色でハイライトされる

　平均値は、対象セル範囲を選択すると、画面下のステータスバーに表示されます（図187参照）。この例の場合は、「486,923」以上の数値を自分で探して、手入力でセルに色を付けることもできるのですが、データが変わるたびにそんな作業を繰り返していてはムダに時間を費やすだけです。そんなときに、この「条件付き書式」を知っていれば、一瞬でできてしまいます。

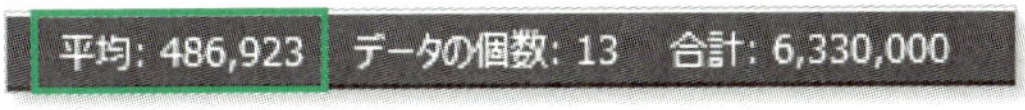

図187

　条件付き書式機能の「条件」は、この例で用いた「平均値以上」だけでなく、「上位（下位）〇％」や「重複データ」など、さまざまな条件が最初からメニューに登録されており、すぐに使えて便利です。

　登録されているメニュー以外の複雑な条件も［新しいルール］として設定できますので、かなり幅広く応用可能です（図188－1、188－2参照）。

　押さえておくべき機能の一つですね。

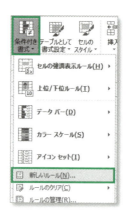

図188－1

図188－2

　また、（3）で紹介したスパークラインとよく似た機能に、条件付き書式の表現力を大幅にアップする**「データバー」「カラースケール」「アイコンセット」**という3つの機能があります。

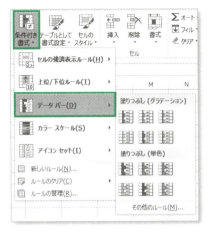

図189　［データバー］

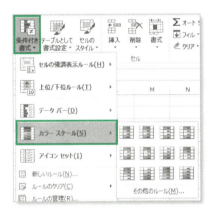

図190　［カラースケール］

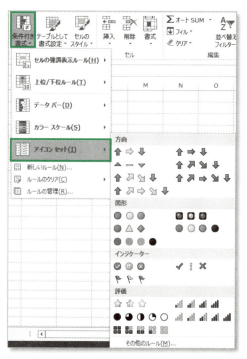

図191 ［アイコンセット］

　ここでは、「データバー」を例に解説しますが、使い方は3つとも同様です。
　対象セル範囲F2：F14をすべて選択した状態で、［ホーム］タブ→［条件付き書式］→［データバー］から、「赤のデータバー」を選択してください。

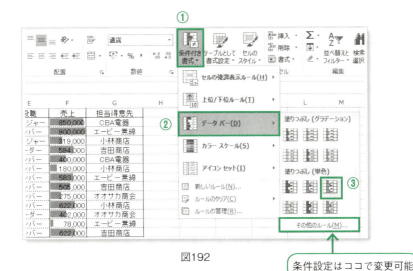

図192

条件設定はココで変更可能

　すると、セルに直接、棒グラフが表示されるので、数値の大小が一目瞭然です。「データバー」の条件設定は、上図［その他のルール］から変更できます。

　他にも、セルの色の使い分けによって表現する「カラースケール」、記号の使い分けによって表現する「アイコンセット」が用意されているので、次の図193のように、それらを組み合わせて使用することも可能です。

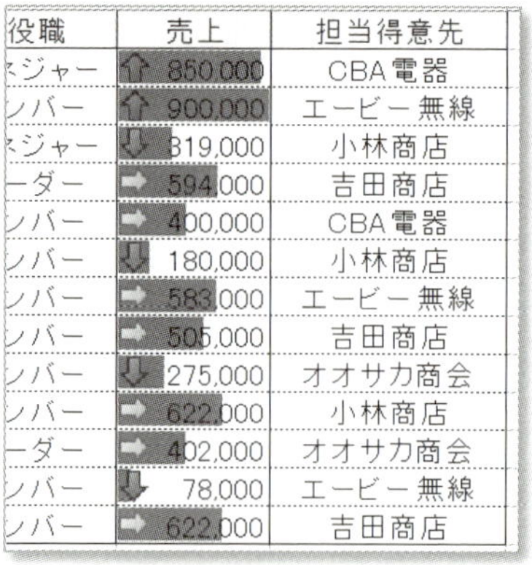

役職	売上	担当得意先
ネジャー	850,000	CBA電器
ンバー	900,000	エービー無線
ネジャー	319,000	小林商店
ーダー	594,000	吉田商店
ンバー	400,000	CBA電器
ンバー	180,000	小林商店
ンバー	583,000	エービー無線
ンバー	505,000	吉田商店
ンバー	275,000	オオサカ商会
ンバー	622,000	小林商店
ーダー	402,000	オオサカ商会
ンバー	78,000	エービー無線
ンバー	622,000	吉田商店

図193

最後に、設定した条件付き書式をクリアするには、［ホーム］タブ→［条件付き書式］→［ルールのクリア］から、［選択したセルからルールをクリア］または［シート全体からルールをクリア］を選択すればクリアできます（図194）。

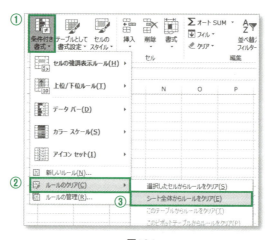

図194

(5) 日付を曜日で表示する

「見た目を整えて見やすい資料にする」という観点では、表示形式の活用テクニックも知っておくと便利です。

同じ「100」というデータであっても、「100.00」と小数点2桁まで表示したい場合や、「100kg」「100円」などと単位を付けて表示したい場合、日付を入力したら「曜日」を表示させたい場合など、「表示形式」を設定することによって、データの表示を設定することができます。

たとえば、「-1234」というデータを、「▲1,234.00」と表示させてみましょう。データの入ったセルを選択し、［ホーム］タブ→［表示形式］→［その他の表示形式］から、「分類」で［数値］を、「小数点以下の桁数」で［2］を選択し、「桁区切り（,）を使用する」にチェックを入れ、「負の数の表示形式」で［▲1,234.10］を選択して［OK］ボタンをクリックしてください（図195）。

（このとき、［サンプル］欄に表示イメージが出てくるので、確認してから［OK］してください。）

図195-1

図195-2

この「表示形式」機能を使って、今度は 日付の横に何曜日かをセットで表示させてみます。「2016/7/1」と入力したら、「2016年7月1日(金曜日)」と表示させるには、次の図196のように設定します。

　すなわち、[ホーム] タブ→ [表示形式] → [その他の表示形式] から、「分類」で [ユーザー定義] を、「種類」で [yyyy"年"m"月"d"日"] を選択し、その右隣に「(aaaa)」と、「a」を4つ連続で入力して [OK] ボタンをクリックしてください。

図196

「(金曜日)」ではなく、「(金)」と表示させたい場合は、「(aaa)」と「a」を3つ連続で入力すればできます。

日付データの書式設定の中で、特殊ではあるけれどもビジネスシーンで使われがちな書式をピックアップしておきますので、参考にしてください。

書式設定	意味	2016/1/1の表示
yyyy/mm/dd	西暦の年（4桁）/月（2桁）/日（2桁）	2016/01/01
r	01〜（和暦の年）	28
rr	平成01〜（元号付き和暦の年）	平成28
mmm	Jan〜Dec（月の短縮英語表記）	Jan
mmmm	January〜December（月の英語表記）	January
mmmmm	J〜D（月のアルファベット1文字目）	J
ddd	Sun〜Sat（曜日の短縮英語表記）	Fri
dddd	Sunday〜Saturday（曜日の英語表記）	Friday
aaa	日〜土（曜日の日本語1文字表記）	金
aaaa	日曜日〜土曜日（曜日の日本語表記）	金曜日

図197

　最後に、（4）で紹介した「条件付き書式」のように、"条件付きの表示形式"を利用する方法もご紹介しておきます。

　たとえば、月の売上80万円を超えている人については、年間の部内表彰の候補者になりうる社内制度があったとして、対象者の売上金額の横に「表彰候補」と自動的に入る設定をしてみましょう（図198）。

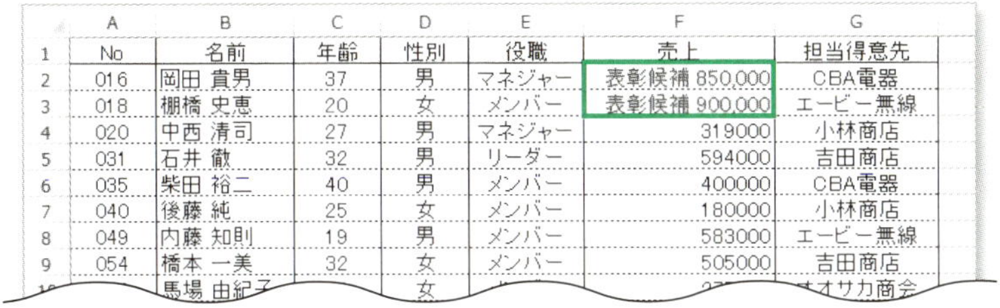

	A	B	C	D	E	F	G
1	No	名前	年齢	性別	役職	売上	担当得意先
2	016	岡田 貴男	37	男	マネジャー	表彰候補 850,000	CBA電器
3	018	棚橋 史恵	20	女	メンバー	表彰候補 900,000	エービー無線
4	020	中西 清司	27	男	マネジャー	319000	小林商店
5	031	石井 徹	32	男	リーダー	594000	吉田商店
6	035	柴田 裕二	40	男	メンバー	400000	CBA電器
7	040	後藤 純	25	女	メンバー	180000	小林商店
8	049	内藤 知則	19	男	メンバー	583000	エービー無線
9	054	橋本 一美	32	女	メンバー	505000	吉田商店
		馬場 由紀子		女			

図198

これまでと同じように、［ホーム］タブ→［表示形式］→［その他の表示形式］から、［セルの書式設定］ダイアログを表示し、「分類」で［ユーザー定義］を選択して③のように入力してください。

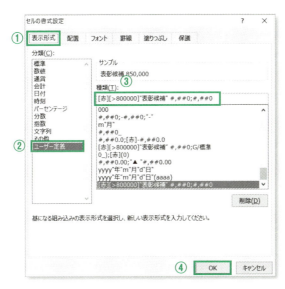

図199

単に、数値の左に文字で「表彰候補」と入力してしまうと、そのセルには文字が入力されたものとして扱われるので、合計や平均を計算する際に除かれてしまいます。ですが、表示形式を使って文字を加えれば、数字のまま扱われるため、そのような弊害はありません。

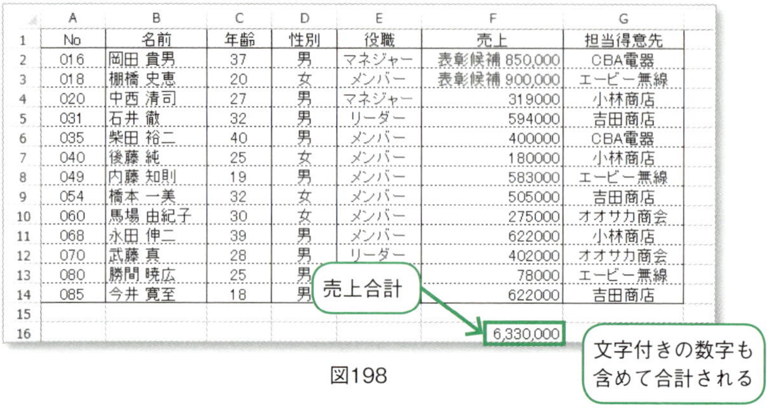

	A	B	C	D	E	F	G
1	No	名前	年齢	性別	役職	売上	担当得意先
2	016	岡田 貴男	37	男	マネジャー	表彰候補 850,000	CBA電器
3	018	棚橋 忠恵	20	女	メンバー	表彰候補 900,000	エービー無線
4	020	中西 清司	27	男	マネジャー	319000	小林商店
5	031	石井 徹	32	男	リーダー	594000	吉田商店
6	035	柴田 裕二	40	男	メンバー	400000	CBA電器
7	040	後藤 純	25	女	メンバー	180000	小林商店
8	049	内藤 知則	19	男	メンバー	583000	エービー無線
9	054	橋本 一美	32	女	メンバー	505000	吉田商店
10	060	馬場 由紀子	30	女	メンバー	275000	オオサカ商会
11	068	永田 伸二	39	男	メンバー	622000	小林商店
12	070	武藤 真	28	男	リーダー	402000	オオサカ商会
13	080	勝間 暁広	25	男		78000	エービー無線
14	085	今井 寛至	18	男		622000	吉田商店
15							
16						6,330,000	

図198

さらに、セル上の表示は[正の数の形式];[負の数の形式];[ゼロの形式];[文字列の形式]という記述ルールなので、すべて設定することなく、**単に「;」を3つ並べて記述すると、何を入力しても表示されなくなります。**こちらはデータの非表示テクニックとして覚えておくと便利です（図200）。

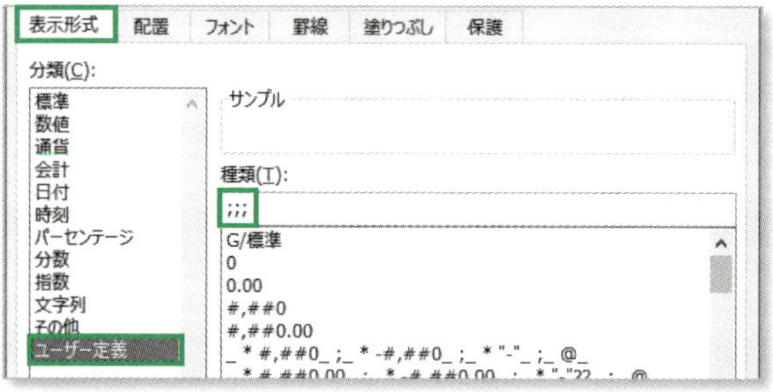

図200

第6章のまとめ

- ［書式設定］（見た目を整える作業）のプロセスをうまく効率化できることが、全体の業務効率化のポイントの一つになる。
- ［ALT］キーを押しながら、セルの角に合わせて斜線を引くと、2つのセルにピッタリと線がおさまる。
- コピペは使用頻度が高いので、［形式を選択して貼り付け］を使いこなせるだけでも非常に効果的。
- 条件付き書式で、書式を自動的に変更させることができる。「データバー」「カラースケール」「アイコンセット」を併用すれば、条件付き書式の表現力を大幅にアップできる。
- "条件付きの表示形式"を利用すると、Excel内部では数字のまま扱われるが、見た目は自由に表現することが可能。

あとがき

　いかがだったでしょうか？

　Excelは今やデスクワークの主役です。そのExcelをうまく活用できるようになれば、当然全体の業務効率化が大きく進むことになります。

　しかし、Excelはあくまでもツールであって、あなたの業務の一部です。視点としてはExcel業務だけにとどまらず、常にあなたのデスクワーク全体を効率化する、という広い視点で仕事に取り組んでいただくとよいでしょう。

　たとえば、お客様用の提案資料であれば、ピボットテーブル全体を「値のみ貼り付け」して見やすく桁をそろえたり、色を付けたり、罫線の種類を変えて整形してパワーポイントに貼り付けたり、という作業が必要かもしれません。

　部内のミーティングや、チームでのブレーンストーミングのときなどであれば、そこまでする必要は必ずしもありません。場合によっては、手書きの資料をスマホで撮影したものをプロジェクターでホワイトボードに映し、話し合いながら書き込んでいく、というやり方でも十分なはずです。

　Excel業務の短縮だけに固執しすぎると、そのような業務を俯瞰的に見る視点が欠けてしまうことがあります。

　絶対に残業しない人は、Excel自体を上手に活用しているのはもちろんですが、その活用シーンの選択も上手にしています。

「はじめに」でも述べたとおり、残業しない人がやっていることは何ら特別なことではありません。知ってさえいれば、すぐに使いこなせるものばかりです。
　本文でも触れた、「2：8の法則」（パレートの法則）にもとづけば、成果の8割につながるノウハウは全体の約2割ということになります。つまり、残業しない人は、その本質的な2割のことを知って実践しているからうまくいくのです。

　でも、大丈夫。本書のコツさえ理解できれば、誰でもすぐに業務の効率化ができていくはずです。本書をお読みのみなさんには、ぜひ広い視野で業務改善に取り組んでいただきたいと思います。

著者紹介

奥谷隆一（おくたに・りゅういち）

株式会社SLT、合同会社プリブリッジ代表
1970年生まれ。京都市出身。神戸大学経済学部卒業後、大手コンサルティングファームに入社。クライアント先の外資系企業で、Excelを利用したシステムを構築・運用するプロジェクトに従事したのをきっかけに、現在まで20年以上にわたり、Excelを活用した業務の効率化を推進している。ブログやメールマガジンでは、「ビジネス・エクセラー」として実務で効率的にExcelを活用する方法をアドバイス。これまで関わってきた企業では人事部長職を歴任し、現在は業務効率化コンサルタントとして、人事コンサル・輸出入・投資関連事業などのさまざまなビジネス分野で活躍している。
主な著書に『10倍ラクして成果を上げる 完全自動のExcel術』『わずか5分で成果を上げる 実務直結のExcel術』（ともにインプレス）、『課長のためのエクセル再入門講座』（翔泳社）、『デスクワークを3倍効率化するテクニック』（同文舘出版）などがある。
「りう」のハンドルネームで運営するブログ「The Road to EXCELER ～エクセラーへの道～」は知る人ぞ知る優良ブログとして好評を博している。

●The Road to EXCELER～エクセラーへの道～
http://ameblo.jp/exceler/

絶対残業しない人がやっている
超速Excel仕事術　〈検印省略〉

2016年　8月25日　第1刷発行

著　者——奥谷　隆一（おくたに・りゅういち）
発行者——佐藤　和夫
発行所——株式会社あさ出版
〒171-0022　東京都豊島区南池袋2-9-9 第一池袋ホワイトビル6F
電　話　03（3983）3225（販売）
　　　　03（3983）3227（編集）
ＦＡＸ　03（3983）3226
ＵＲＬ　http://www.asa21.com/
E-mail　info@asa21.com
振　替　00160-1-720619

印刷・製本　(株)シナノ
乱丁本・落丁本はお取替え致します。

facebook　http://www.facebook.com/asapublishing
twitter　http://twitter.com/asapublishing

©Ryuichi Okutani 2016 Printed in Japan
ISBN978-4-86063-913-6 C2034